JN438361

산빛 물감을 풀어놓다

물감을 풀어놓다

최동희 시집

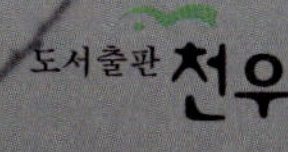

시인의 말

몸은
마음이요
기억이다

몸속에서 우러나오는 눈물
몸속에서 번져나는 미소
몸통을 울리는 음성
몸짓

몸의 밖과 몸의 심층이 맞닿은, 입과 귀
손 끝, 발 끝, 그리고
시선

몸이 시를 쓰고 있는 동안
나는 살아 있다

2021년 8월

산밖 최동희

축 시

산빛의 울림

심 응 섭(순천향대학교 명예교수)

시인은 산을 향하여
소리쳤다
그 울림은 빛이 되어
메아리쳤다

아버지 가문의 땅
치열하게 지탱해 온
세월 깊은 저 번지 속
시편은 그림이 되고
들바람 언어가 되어
묵향에 담았던 길목까지
발묵(潑墨)하는 자국들은
숨겨졌던 정체성의 수행
이었던가?

새벽부터 축사에서
젖소를 기르는 목부의 아내
지고한 엄마의 강줄기가 되어
인고의 감성을 쏟아낸
시인 최동희

고단한 세파를 누르며
환희의 깃발을 세웠다
그의 첫 시집
'산빛
물감을 풀어놓다'

30년 낙농업 종사, 틈새마다
먹을 갈고 시름을 갈아
시공을 물들였다는 삶의 여정

나는 신앙이 되어 간절히
기도한다
발효된 어머니 아버지 터전에
냉이꽃이 된 당신의 시혼을
산빛 최동희 글밭

제2부

제3부

제4부

제5부

1부

▼

이곳에
평온이
있네꿈을
이야기할
식탁과
새들이
날아올
정원이있
는

산빛

감꽃

담장 밖으로 반쯤 팔과 다리와 귀를 내놓고
가장 먼저 바람의 소식을 들이던 감나무가
건조한 뜰에 촉촉한 빗 맛을 들인 아침이다

와!
튀밥 꽃이다. 하얗게 쏟아진 튀밥 꽃
한 바가지 주어 실에 꿰었다

주렁주렁 꽃목걸이와 꽃팔찌를 만들며 놀았다
놀며, 놀며 튀밥 하나씩 떼어먹다가
꽃잎 하나씩 입에 물고
깜빡깜빡 졸음 지우는 툇마루에

파란 낮달이 슬몃, 감잎 사이로 산그늘 드리우고
감꽃목걸이 흰 꽃잎은
저 홀로 지고 또
지고

눈 맞춤 하면 행복해진다

내 아이들의 눈을 들여다보면
거기, 은밀히
내 모습이 들어있다

나의 눈 속에
내 아이들의 사랑스러운 몸짓의
태동이 인다

우리는 서로의 거울이다

고요한 눈빛만 마주하고 있어도
우리는 모두
행복해진다

꽃병

꽃다발이 택배로 왔다
핑크빛 장미와
색색의 바이올렛

딱히 꽃병이 없어
귀 나간 물병에 꽃을 꽂았다
꽃대가 훤히 비추는 상처 입은 물병, 물병 위의 얼굴
굴절되는 얼굴, 얼굴
꽃을 싸 온 연분홍 드레스를 입히고
리본으로 매무새를 정리했다

꽃병을 올려놓았다
식탁을 말끔히 치우고
그런대로 드레시한, 꽃병

꽃은, 우아하게 한 잔의 물을 마시고
나는, 은은한 한 잔의 차를 마시고
잔이, 입술을 부딪쳤다

집으로 가는 길

살얼음판을 걸어간다
1월 10일 오후 5시 22분 예산역
몇 년 만에 만난 친구를 보내고
돌아오는 길

눈이 녹다 얼며 쌓인 들길에 매서운 칼바람이
정강이를 후려친다
낡은 부츠는 걷는다기 보다 거의 본능적으로
미끄러지듯 날아간다

어둠은 짙어지고 아직 갈 길은 멀다
자동차도 미끄러워 멈춰 섰고
사람들도 짐승들도 나무들도
어둠의 집에 들어앉은
고요한 저녁

하루 종일 품을 팔아 밥 광주리 이고 고개고개 넘던
어머니의 몸이 그랬을까
밥 광주리의 무게는 새털처럼 가볍고 포근한 것이었으리라
온종일 말똥말똥 기다리고 있을 어린 새끼들이 있는
집으로 가는 발자국은 짐승의 것이다.

본능에 내맡기어도 천리에 어긋나지 않는
고단하지도 춥지도 위태롭지도 않았다

한낮에 똑같은 이 길을 걸어 나갔다.
단걸음에 미끄럼 치는 어린아이가 되어
오래된 벗을 만나러 가는 길은 매번 설렘으로 눈이 부셨고
겨울밤을 녹이는 노란 불빛이 가물가물 기다리고 있는
집으로 가는 길은 멀고도 가까웠다

가오리

씹으면 씹을수록 구수한 맛이 난다
가오리 회 한 점
씹으면 씹을수록 우러나는 맛
나는 울 엄니를 먹는다

엄니 손끝으로 빠져나오는 양기(陽氣)를 먹는다
엄니의 바다 저 밑바닥에서 건져 올려진
붉은 가오리 회 한 점, 가오리 회를 씹으면 갯물이 우러나온다.
씹으면 씹을수록 고이는 줄포 앞바다 갯물, 코끝이 쌩하다

오늘 저녁은 왠지 술이 고프다
탁주 한잔 컬컬한 목을 축이시고 울 아부지 어깨가 무지근하게 들고 오시는
가오리 한 마리
초승달이 기우는 저녁, 초가삼간 부엌에선 연기를 들이마시며 회를 치는 소리
아부지 발목을 잡아당기는 독촉장들을 자분자분
뾰족하고 딱딱하고 껄끄러운 것들을 당차게 분해하는 엄니 손놀림

청솔가지 타다 남은 아궁이가 게워내는 매운 내를 마시며
그렁그렁 눈시울이 뜨겁게, 짠 물이 우러나오며 간이 딱 맞아떨어지는
맵고 짜고 새콤달콤한 엄니의 열 손가락을 쪽쪽 빨아 먹는다

갯벌에서 갯것 우려먹듯 엄니 양기를 빨아먹고 자란 나의 눈은
소금 알갱이 여물어 가듯 반짝거렸다
엄니 양기를 빨아먹고 자라 엄니보다 더 키가 큰 나의 손끝에서는
'엄니보다 더 많은 양기가 쏟아져 나와 우리들의 바다는 더욱 빛나리라!'
엄니의 꿈은 봄 바다의 지느러미 떼처럼 출렁거렸다.
은빛 줄포 앞바다
아직도 나를 지탱한 나의 뼛속에 남아 있을
갯물 빠진 줄포 갯바닥 같은
엄니의 양기를 마저 뽑아내는 붉은 가오리
밤바다로 자맥질하는
헛헛한 봄밤

길

밤사이 풀잎에 내려와 잠든 별들이 선잠 깨는
먼동이 터오는 길은
아버지의 길입니다

개간한 산벌을 내려와 붉은 바짓가랑이 고쳐 올리고
오리길 간사지 논으로 숨 가쁜, 달무리 언저리쯤
아버지는 서 계십니다

까만 종지 같은 어린 눈들이 졸다
강아지도 짖다 말다
가뭇없는 밤 마른 논둑길, 삽을 들고
아버지는 서성입니다.

굽은 정강이 사이로 진한 방울 뚝뚝
통통 살 오른 거머리 탱그르르 떨어지는 길
집으로 돌아오는 아버지의 발자국은 온통 핏빛

아버지! 아버지! 나는 놀라 아버지를 부르지만
꿈인 듯 아무 말씀이 없는 아버지
으흠, 으흠
헛기침뿐입니다.

아버지의 울음이 발자국마다 고이는 길은
어쩌자고 서울로, 서울로만 돌아볼 듯 내달려갔는지

흙담장 뒤로 난 솔밭 길을 지나
오부랑 꼬부랑 논둑길을 건너

여위어가는 달빛을 등지고 내차게 멀어졌던 길
개구리들의 울음, 소나기로 몰려오는 저녁
젖은 흙에 드리운 아버지의 그림자

냉이꽃

어린아이 잠 못 들어 뒤척이는 밤
시리고 메마른 대지를 헤집고 지구의 심장에
내리는 당신
솜털 같은 손끝으로
더운 피를 펌프질하는 새벽이면
얼어붙은 대지에 풋 내음 안개처럼 피어오릅니다.

황야를 일구어 터를 닦으며
터진 손끝 아려오는 계절
문풍지 울리는 바람을 등에 업고
고단한 바늘걸음 한 땀 한 땀
헐벗고 배고픈 밤을 뚜벅뚜벅 걸어오신
그날이 무척 따뜻했습니다.

벌거숭이 우리들의 옷 한 벌
따뜻한 아랫목에 우리들의 밥 한 그릇
또 한 그것과 흥정할 수 없는 의로운 뜻
그것으로, 우리들의 소망으로
깊어진 겨울 강을 건너 꽃으로 피어난

냉이 꽃

접동새

자꾸만 가슴이 먼저 갑니다.
숨소리가 색색거리며
구태여 앞서가는 까닭은 허리가 굽어서라고들 합니다만
골짜기에 불어오는 꽃바람은 가슴 속으로 파고든다며
극구 걸음을 재촉하여 꽃샘바람을 마중 떠난 당신

당신이 앞서 가신 길
햇빛 따사롭고 바람결 부드러워져
가지마다 연둣빛 새끼들 다투어 피어납니다.

꽃 중의 꽃은, 참꽃이라며
꽃술을 빚어놓고, 동기간들 다 불러 붉게 지새우던 밤
접동새 홀연히 꽃잎 그늘 지우신 꽃자리 그리워

봄마다 들로 산으로 쏘다닙니다.
접동- 접동-

대설주의보

'안녕들 하신가요?'
아침부터 흰 눈은 사선으로 내리꽂혔다
하늘과 땅 사이의 간극에는 눈만이 존재할 뿐
눈 위에 눈발이 쌓였다

아들은 이른 아침 조심조심
눈길을 미끄러지며 출근길에 올랐다
가만가만 숨을 재우고 고요히 눈을 감아본다
아들은 무사히 도착했을까

누구에게든 '안녕'하기를 기도가 앞서는 날이다
언뜻 떠오르는 이름에게
아스라이 잊힌 이름에게
기억하고 싶지 않던 이름에게, 이름 모를 누군가에게
나무에게, 그 많던 새들은 다 어디 갔을까?
끼니때만 되면 어디선가 불쑥 나타나던 낯선 고양이에게
길에게
그 모든 이름들이 깃드는 그 곳에
'안녕'
'안녕'

눈 속에 고립된 마을은 저마다 군불을 지펴 연기를 피워올리며
안부를 전하고 온기를 나누던 시절이, 시절이
나에게도 어렴풋이 있어
나는 벌써 카톡! 카톡! 군불을 지피고
종일 마음은 너그러워져 마당을 쓸었다
곱은 손은 달달한 가을무로 고등어조림을 하고
얼큰한 콩나물국을 한 냄비 끓이고 있다

손금

오랫동안 붕대에 묶여 기역자로 꺾여있던 손이
제구실을 할 수 있으려나?

상처투성인 손의 곁에는
쪽잠이 든 아들이 있다
순간 코 고는 제 소리에 번쩍 고개를 든다

여름방학 내내
겨울방학도 그렇게
병상의 보조 의자에 쭈그리고 붙어있다

맘 졸이며 열어보니 손금까지 바뀌었다
세로로 뻗친 손금이 가로줄을 낯설게 질러간다

자식 운 줄은 어디 있는지
하늘을 향해 손바닥을 편다.

구겨진 교복을 다림질하여
번듯하게 아들의 매무새를 만져주듯

살아있다는 것을
통증으로 자각하게 되는 부자유함

이 손을 가져서
가진 것 다 주어도 부족할
상한 손 가져서
행여 내 낯선 손금이 자식의 운 줄을 그르칠까 봐

아들의 교복을 다림질하듯, 나는
구겨진 내 손바닥을 매만지는 버릇이 생겼다

소쩍새

가지런히 벗어 놓은 검정 고무신
노래에 춤에 빼어난 얼굴

피죽 솥에 흐르는 눈물 마를 날 없이
봄꽃이 지고 있었네, 봄도 오기전에 가을이 오고
낙엽 구르듯 시름시름 앓던 방 한 켠 냉골이 되던 날

뒷산 골짜기 허둥지둥 넋 빠지게 부르던 엄니 목소리
들었는가, 작은 성

산 메아리는 어둠을 풀어내고 발자국을 덮고
찢어진 어머니 가슴으로 마구 밀려와 블랙홀이 되어서
어머니의 해와 어머니의 달과 어머니의 텃밭을
덮어버렸네. 어머니의 발은 허공에 떠서 헛발질하다가
어린 막냇동생을 업고, 간신히 띠밭을 일구었네

어머니 무덤 속의 무덤 하나
쑥대 우거진 줄 미처 몰랐네.

부슬부슬 잔비 내리는 해거름에
애 터진 소쩍새만
소쩍… 소쩍… 소쩍…

청 홍 치마저고리에 꽃신 신고 온 산 붉도록 노래 허소
그냥 잔칫날처럼 엉기덩기 저 달빛 하얗도록
춤이나 추어보세
성!

어머니와 누에

잠을 잔다
골방에서 잠을 잔다
푸른 뽕잎을 먹다가 잠을 잔다.
밤낮없이 먹고, 밤낮없이 먹이고
밤낮없이 잠 깨이면 맑아지는 몸.

누에는 어머니를 베고
어머니는 누에를 안고
푸른 뽕잎 위에서 잠든, 잠실은
부슬부슬 부슬비 내리는 소리에 젖어있다

고요히 진액을 뽑아내어 집을 짓고 있다
스스로 짓는 무덤 안의 누에는 이미, 맑고 깊어
이 세상의 몸이 아니다

깊은 밤 바닥까지 끌어올리는 어머니의 심지
일생이 주름으로 굳혀진 어머니의 육신
스스로 짖고 드러누운 어머니의 무덤가에는
스치는 바람에도 부슬부슬 부슬
비 내리는 소리에 젖어 운다.

붉은 꽃

붉은 꽃잎 속에 눈물이 고인다
붉은 꽃잎만 보면 눈물이 고인다

붉은 꽃잎이 말아 놓은 이슬은 잠옥이다
반짝하는 순간 홀연히
저세상 어느 흙을 적시며
이승의 하늘 구름이 되어, 떠돌다
큰물에 쓸리는 황톳빛이
아른거린다

붉은 꽃
꽃잎
뚝
뚝
지우는 봄날

무엇 하러 엄동설한에 일찍 눈 떠
봄빛을 끌어들이려 열 손가락 핏빛이 들던
가난하디가난한 집,
큰누이 같은

순천만에서

수억의 갈대들이 수런거리며
아득히 누운 상형 문자들을 일으켜
머리카락을 날리고 얼굴을 가린다
몇억 광년을 날아와
이 광활한 벌판에서
머드를 즐기는 짱뚱어들이
우르르 몰려와 몸을 숨기면
숲이 된다

무엇이
거부할 수 없는 운명의 끈을 지워주었나
나는 인간이 되길 원했어
네가 있음으로
사람이 되어가는 길이 고난이라 하더라도
그것이 희망이라는 걸 알게 되었어
성장이 멈추고, 성숙하기 전에 퇴화하는
완벽한 인간이지 않아도 좋아
아직도 난 머드팩을 벗겨내지 못한
짱뚱어의 얼굴로
사랑해

사랑은 공기와 같아서 아무리 먹어도 배부르지 않고
사랑은 내 살갗과 같아서
작은 상처에도 아파하고
아무리 입어도 두께를 몰라
사랑은 보이지 않아서 쓸쓸해지고
사랑은 보이지 않아도 느껴지는 것

아무도 몰래 도시락을
나도 모르게
네 짝도 모르고 너도 모르게, 내 손에 잠시 맡기듯
들려준 너의 사랑
배고픔을 모르던 너의 오장이 허기를 느끼기까지
허허로운 영혼을 가슴으로 안아주기까지
긴— 밤의 뒤척임
얼마나 외로이 고뇌하였을 거냐.
나는 도시락을 열고
흰쌀밥 위에 얹어진 너의 어머니 표 계란 부침
건건하고 쫀득쫀득한 박대찜
세상에 없는 맛있는 도시락을
너의 외로움을, 너의 우정을 씹어 삼켰어

네가 있어 주어 고마워, 고마워,
아무리 생각해도 마음 전할 길 없어
순천만 갈대숲을 걸으며, 불현듯
희미해진 너의 얼굴 사무치게
연둣빛 잎들로 몰려와
바람결에 편지를 쓴다

나날이 진화하는 인간의 모습에서
아니 타인이 되어가는 내 얼굴에서
외로움을 느끼곤 해
진화와 변이 사이에서
우리는 서로를 알아볼 수 있을까

그럼에도 때로는 너와 내가
머드팩에 감싸여 갈대숲을 누비는
깨복쟁이 짱뚱어가 되고 싶어

이대로 진화가 멈춰버린 아름다움의 극치
유월의 햇빛이 무르익는
벌거벗은 갯벌의 광야에
나를 내려두고 싶어

소나무

어느 종중 산 벌
이리 치고 저리 치며 지켜온
지지리 못난 소나무
울퉁불퉁한 가지에 그네를 매고
한 무리 아이들이 힘차게 발을 굴려
발 끈 너머 미지에 꿈을 걸어 놓았지

오색 찬연한
가오리연 제비연 치마연 방패연
바람결에 실을 풀어 함께 날렸지

바람 부는 대로 눈 덮인 대로 굽어진
외 따른 소나무
그 많은 꿈 어디에 두고
등걸조차 없나
등허리에서 재잘거리던 산모롱이 허물어지고
두레박으로 별을 떠 올리던 샘물은 어디로 흘러갔는지

구불구불 산 비알 밭이며 논둑 메뚜기 떼 날던 하늘빛
재 너머 농게와 짱뚱어들이 우르르 몰려다니던 갯가며
길가에 잡초마저 낯선

황망히 내달려 온 길

파초

한바탕 흙탕물이 지나갔다
젖은 집을 떠나지 못하는 복구에게
지난 며칠 동안의 일들이
모질게 쓸려나갔다

목줄이 없는 낯선 개들이 몰려와 한 다리를 들고
자신의 냄새를 남기고 갔다
주인이 낯선 수캐들을 혼쭐을 낼 때마다
줄행랑을 쳤다가 주인의 눈을 피하여
서로의 냄새를 나누던 밤이다

두 다리가 목줄에 얽혀 발버둥을 치다가
가까스로 사슬에서 빠져나올 수 있었던 것은
주인의 손길 덕분이다

때마다 밥을 챙겨주며 머리를 쓰다듬어 주던 주인
그러나 여느 때처럼 주인에게 꼬리 치지 못했다
앞발을 치켜들고 주인의 얼굴을 마주하지 않았다

냄새를 맡으며 맴돌다가
냄새를 남기고 사라진 모퉁이를 멍하니
바라보는 버릇이 생기더니

입맛을 잃었는지, 젖망울이 부푸는 처녀처럼
문턱에 턱만 괴고 앉아
초점 없는 눈 만
떴다 감았다

출퇴근 할 때마다 꼬리를 치며 배웅하던
집으로 돌아오는 자동차를 먼발치에서 알아보고
반겨 맞이할 준비를 갖추던 민첩하고 광택이 나던
흰 털이 까칠해졌다

해가 뜨고 다시 어둠이 몰려와도
목줄이 없는 개들은 다시 오지 않고
똥물까지 다 게워 새끼를 쏟아내고
순간 눈도 생기지 않은 새끼를 제 속으로 집어삼켰다

영원히 새끼는 제 품 안에 있을 거라는 복구의 눈망울
도랑은 한바탕 흙살이 쓸려 나온 황토물을 토하고
파초, 꽃잎은 뚝-뚝- 진다

발 무늬

적도에도 달팽이의 길이 있다
하얀 진액을 뽑아내며, 더디게 걸어가는 길
태양이 떠오를 때면 풀잎 위의 아침은 빛나고
살아서 숨 쉬는 것들은
그 순간마다 영롱한 이슬을 머금고 있다

달팽이가 지나가는 길은 아버지의 길이다.
매화나 대나무, 호랑이와 까치, 산과 물이 흐르는 병풍 위에
화필을 놓고 페인트 붓을 든 월파 선생
끼니 걱정을 해도 신문을 놓지 않으시던 곱슬머리 최 고집
가난이야 찌들어도 남을 비방할 줄 모르는 옥구 양반
보리쌀 품삯으로 김 부잣집 감을 따다 떨어진 땡감처럼 멍든 선 농부
저울대처럼 기우는 어깨의 능선을 내려와
아버지의 신발 밑창은 가시고기 같은 엑스레이가 찍혀있다
등뼈 어느 곳이 닳아 무너져 있거나
어깨의 하중을 못 이겨 어긋나 있을 것 같은
내과 의사나 외과 의사의 영역 너머의 알파가 지나간 발 무늬

여덟 식구 일용할 자루가 들러붙어 있는, 달팽이의 등딱지
아버지의 굴레이며, 아버지가 꿈을 꾸는 곳, 아버지를 감싸는 집이다.

집의 무게가 무늬진 아버지의 마당발

아버지의 신발은
아버지의 발 모양을 닮아있어
어디서나 신발만 봐도 아버지가 보인다

새 신을 고를 때마다 선뜻 그 발을 내놓지 못하는
낡은 신발 속 아버지의 발
발이 커서 미안하다는, 말의 생략 점들이 그은 피부 빛에 가려진
주근깨처럼 한 점 한 점 붉은 미소를 머금고 있다

하얀 진액이 말라붙은 길에는 반짝이는 모래알
달팽이 위로 수없이 발들이 지나가고
긴 여름 한낮이 가고, 밤이 오면 풀잎 위에 이슬이 내린다
구불구불 열리는 달팽이의 오솔길

굽이진 신발 속, 아버지의 길은
벌레 먹여 드러난 나뭇잎의 잎맥들이 켜켜이 쌓여 있다
날마다 벗지 못하는 신발 속에서 자란 무좀균에 묻어나온 발 무늬들
얼마나 오랜 세월 걸어온, 유전인가

기억의 강

안개가 흘러가는 산 고을 샛강에
홍시가 두 개 떠간다

안개는 기침 소리를 데리고
감나무 가지에 익은 해를 걸쳐놓고 간다.

서리태 멍석에 깔린 안개를 걷어내는
어머니의 곱은 손 가슴
안개는 하얀 털모자를 씌우며
골 깊은 어머니의 양 볼에는 붉은 주홍 감이 두 개

유모차가 간다
어머니의 잔 기침 소리가 잦아든 안개를 밀며
저 건너 산 고을을 넘어서 들-들-들-
늘 마음이 앞선 발이
숨 가쁘게 좇아가신 길은
길도 굽어져 어머니를 닮아있다

풀줄기에 걸려 주춤주춤하다가
저녁물이 오르는 물가에 홍시가 두 개 가물가물

2부

▼

누가 가르쳐 준 것인가 알지 못해도 배움이다 할 때까지 뇌이고 되뇌이며 간다

자작시 살아가는 법 중에서 계사년 봄 상밝 최동희

채송화

작은 애벌레 똥보다도 더 작은
채송화 꽃씨 주머니가 터지던 날은
길고 긴 가뭄을 지나온 날이다
꽃밭과 길 사이

생의 언저리 어느 지점에 뿌리를 내리고
촘촘히 기어가는 연둣빛 꿈들 위에
푹푹 파인 바퀴 자국을 덮으며
사들사들 뭉그러진 잎줄기 폭우에 쓸리며
채송화, 꽃을 피웠다

아무 일도 일어나지 않은 것처럼
길과 꽃밭 사이, 척박한 땅을 일구며 나지막이
하루해 나지막이
해가 떠서 지듯 한여름 피어나 지우는 어린 꽃섬

바다와 육지를 잇는 섬처럼 외로워 무리 진 꽃자리, 톡 톡
터지면 제 키만큼 하늘로 솟구쳐 내리는
이면 도로가 없는 꽃밭과 길 사이
아슬아슬하게 비키던

개미와 창

지구는 둥글다 아니 네모다
아니 다면체다
다면체의 모서리에 낭떠러지가 있고
절벽의 꼭짓점은 별이 발아하는 지점이기도 한
꼭짓점이 있는 지구는 면면이 어둡고 면면이 빛난다

태양이 낭떠러지로 곤두박질하면 지구의 모서리에 서, 다리 하나를 들고
오줌을 갈기던 강아지가 바닥에 엎드려 귀를 쫑긋거린다
지휘자가 없는 개미군단의 더듬이와 더듬이를 잇는 페로몬과
어둠 속의 모래알들을 끌어올리는 개미의 마지막 발자국 소리에
잠을 청하는, 이 단순한 생체리듬은
모래와 풀 사이를 누비며 미미한 발자국들의 지난한 이야기다

거대한 어둠을 밀고 서 있는 모서리의 작은 창은,
모두 별을 헤아리듯 기울어져 있다
낙숫물 지나가는 모래톱에 발을 밀어 넣고 엉겨 붙어
모서리에 지은 집의 뿌리를 꼭 붙들고 있는 개미들이
한 귀를 끌어당겨 어둠을 바닥으로 이끄는 까닭에
기울어진 창은 심연(深淵)의 기슭에 이르러
잠긴 언어들을 끌어올려, 반짝
비 갠 날 저녁 하늘은 촉촉한 별들로 가득하다

그리하여 지구의 모서리에 붙은 기울어진 작은 창들은,
눈이 부셔도 눈부시지 않게 빛나는 별빛과 같이
밤마다 지친 사람들의 발을 이끈다

간이역

너무 빨리 타버리지는 않을까 가늘고 오래 사는 법을 필사하며
숨구멍 막아놓다 꺼트린 연탄재를 굴렸다
눈길을 내려오던 언덕의 얼룩진 길이 이끄는 곳
연탄불을 꺼트려 아침을 굶은 출근길
콩나물버스에 콩나물이 되었던 일은 다행이다
버스가 출렁거릴 때마다
함께 쓰러졌다 함께 일어나는 법을 배운 날이기도 하다

손이 발이 머물다 지나간 자리에
한 그루 나무를 세운다
지나간 자리마다 어김없이 산 나무와 죽은 나무를 세우고…
몸을 나무속으로 밀어 넣는 사람들
나무가 자라는 만큼 커지는 그늘 안에는
개와 고양이의 습습한 체취가 그곳을 떠나지 못하는 것처럼
연탄재가 깔린 삼거리 기사식당 빈 식탁에 먼저 차려진 콩나물이
발을 이끄는 곳

한 여자가 머물고, 한 남자가 머물고
한 청춘이 머물고, 한 인생이 머물다
떠나고, 머물다 떠나려고 머물다가 뿌리 내리는
머무는 그늘의 속은, 겨울나무 가지들이 가늘게
가늘게 양지를 끌어들이는 곳

손이 발이 머물던 자리에서 빠르게 움직이는 간이역 열차 승강장
한 청춘이 매달려 있다
한 발 매달린 어깨 가방에 컵라면 한 개 매달려 있다
불완전 연소된 연탄처럼 타오르지 못한
딱딱하고 어두운 하늘에 판화처럼 찍혀있다
진폐증을 앓는 아버지의 폐부를 가로질러
사북 하늘에 검은 눈이라도 내리는 날이면
발이 머물고 싶지 않은 간이역 열차 화통에 쉿내 나는 기침 소리가,
숨구멍이 막힌 밑불처럼 가물거리고
선로 옆엔, 한 발 오르지 못한 어느 청춘의 가방 속
뜯지 못한 컵라면 한 개, 아직 머물고 있다

고시원 25시

소리를 밀어내고
공기를 밀어낸
납작하게 밀폐된 방이 있다

네모난 평면도면에 창이 하나 그려져 있다
안으로 잠긴 그러나 안에서도 열 수 없는
손바닥만 한, 월 5만 원 내지 10만 원짜리 창문이 그려져 있다
창살에 갇힌 유리 한쪽이 그나마 숨통을 트이게 하는

비쩍 야위거나 고도 비만인 그림자가
비스듬히 직사각형의 한 면을 밀면
사다리꼴 공간이 열린다.
냉동 주먹밥이나, 라면으로 채워지지 않는 허기를
그림자는 사다리꼴로 드러누워 창을 흡입한다

거식증에 걸린 자판기가 꿀꺽
꿀꺽 전만 삼키고는
주룩주룩 맹물만 쏟아낸다
매월은 빨리 돌아오고, 연말은 더디다
학기 납부 통지서는 돌아서면 돌아오는데 졸업은 더디기만 하다

문은 열려 있으되 길로 섞이지 않는 공간을 접어
최대한 납작하게 압축해
캐리어에 구겨 넣고 지퍼를 올린다.

아직 펼쳐놓지 못한 노트와 가방 꾸러미를 진공 포장한
캐리어가 발끝에서 대기 중인
그림자의 하루가 접히며
풀려나가는 시각은 24시 이후
전날의 잠이 아직 잠들기 전

골목과 계단

무한 걸어가야 하는 벤치가 없는 길
빌딩의 회전문 밖에 명동을 지나, 광화문을 지나,
종로 1, 2, 3, 4, 5가, 동대문을 지나,
삼양동을 지나 종암동 로터리를 지나 길음 시장을 지나 대지극장을 지나
하월곡동 산 1번지 육교를 건너
좁은 골목의 계단은
길을 접은 벤치이고 하나의 방어막이자,
손풍금 같은 또 다른 세계를 잇는 통로다

자동차가 비켜 가는 길
무엇보다 시간은 느리게 가고, 느린 시간 위에
놓인 발자국들이, 서로 겹치며 말을 걸어오는
돌 틈의 이끼들이, 이끼 틈바구니에 경로를 이탈한
민들레 꽃씨가
바람은 불었어도, 흩어져 날렸어도
흔들림 없는 뿌리를 두고 있다

좁은 골목은
하루에 한 번쯤은 양지가 되어
지나가는 행인이 잠시 기대기도 하고
비바람에 두둘두둘 파인 제 몸의 상처를
온전히 내어주는 담장이 있다
담장 위에 올라서 나름 향기를 뿜어내는 꽃들이 있고
담쟁이가 딛고 벽을 넘어가는 길이기도 하다

구르는 돌멩이

앞산에서 뒷산에서
어디서 굴러온 돌멩이, 하나
구르다가 차이는 돌멩이, 둘
구르다가 차여서 바퀴를 펑크 낸 돌멩이, 셋
차여서 구르다가 펑크 낸 바퀴 밑에 깔린 돌멩이, 넷
구르다가 차여서 펑크 낸 바퀴를 떠받치고 있는 돌멩이, 다섯

바퀴에서 튕겨져 나와 뒤차의 유리창에 부딪히는, 재수 없는 돌멩이, 여섯
이리저리 구르다가 발등을 살짝 밟고 가는 앙증맞은 돌멩이, 일곱
물살에 굴러가다 물길을 막아서는 돌멩이, 여덟
장마에 기우는 담장 밑을 굴러가다
담장을 밀고 있는 큰 돌 발뒤축을 고인 돌멩이, 아홉
빗물에 쓸리다가 돌멩이 옆구리에 붙어 간당간당 꽃망울을 맺고 있는
제비꽃이 고개 숙여 무어라 귓속말을 건네는 돌멩이, 열

구상나무와 하늘

구상나무가 잎을 지우고 있습니다
잎을 지우고 있습니다만 구상나무의 긴 그림자는
다람쥐를 품었다가 고슴도치를 품기도 하고
애벌레가 벗어놓은 잠옷을 품고 있는데요.
떠 있는 구름들이 얼어붙은 겨울 산
똑똑똑 똑똑 구상나무 숲을 깨우던 딱따구리가 돌연 사라집니다
하늘의 속은 납덩이
구상나무의 잎들이 푸르게 빛나던 길입니다

비행기가 숨차게 지나갈 때면
분필 가루를 굴리고 간 운동장처럼
하늘이 갈라지고 새로운 길이 열리기도 하는 길입니다만
태양이 양철지붕 위로 뒹굴며 부서지는 빛살에
구상나무 숲이 우-우-우-
산꼭대기로 쫓기듯 몰려가고 있는 길입니다

잎 지는 구상나무 그림자 속으로
다람쥐가 들어가고 고슴도치가 들어가고 나오지 않는
잠옷을 아직 못 벗은 애벌레가
구상나무 각질에 붙어 미라가 되어가는 길입니다

딱딱한 하늘을 힘껏 밀어 올리고 있는 구상나무와
사철 푸르던 나뭇가지에 금별과 은종을 매달던, 아이들은
안개가 두 발만 동동 떼어 어디론가 떠가는 길입니다

놀란 꽃

나침판의 초침이 흔들리고 있다는 것은
제자리를 찾고 있다는 신호다
새 떼가 일제히 솟구쳤다. 우주 공간이 흩어졌다

초침이 수없이 바들바들 흔들리는 동안
고층 빌딩 난간의 외줄에 매달린 청소부
새가 날아가다, 낙하하는 지점
거꾸로 자란 절벽이다. 절벽에 알을 낳고 절벽을 떠나지 못하는 새
빌딩의 벽은 눈이 부시다
때때로 구름과 낮달이 떠가는 하늘이다
절벽을 딛고 하늘을 닦는 새들은
종종, 그가 닦아 온 하늘 벽에 머리를 처박는다
탕—

새야 솟구쳐라
청소부의 가슴이 새가 되어 가는 길옆을 지나
빌딩 숲으로 사라지는 행인 1, 2, 3…
점선으로 이어지는 무수한 발자국 곁에서
솜털을 날려보는 어린 새의 육신이 흔들렸다. 그러나 딱딱한 허공
민들레 홀씨가 날아가지 않는 돌이다

길과 허공 사이

길 밖에서 몰려온 비가 길로
접어들 때

길 안쪽에서 추수를 마친
농부들의 발부리가 길에
닿기 전

갸웃갸웃 이삭을 줍던 새들의 날개가
하늘의 사이를 편편이 나눌 때
혹은 관통하여 편 편을 지울 때

벼랑에 납작하게 붙은 넝쿨손이
길 밖으로 손을 내밀 때
바람이 지나가는 길

덩굴손 끝의 지문이
뿌리와 줄기와 잎의 무게에 무너져 내릴 때
혹은 무게만큼 더 솟구쳐 오를 때

배배 꼬이는 길에 꽃잎 물고

느리고 접히며
갈아 낸 길이다
쪼르륵 간다. 배배 꼬이며
진진 간다
마른 땅속에도 길이 있었다

물이 오른다. 배배 꼬인 길에는, 물도
뒤틀며
굳은 땅을 허물어 가고
지난한 계절의 폐허 위에 꽃 한 송이
애기코딱지 만한 풀꽃 한 잎
꽁무니에 물고 올라 온, 앞서 간
모든 길에는
지렁이가 있었다

모란 공원에는 모란꽃이 피지 않는다

기록을 경신하는 가뭄과 폭염 속에 그렇게 긴
갈증과 열기로 이어지는 만장의 행렬이
7월 마지막 태양을 집어삼킨다
길을 가다가 우리는 망연히 그 길을 멈추어야 한다
어디론가 종종종 흘러가는, 흐름이 어느 순간 순순(淳淳)해지는
먹먹한 고요에 대하여
묻지 마라, 개기일식이다

피어나지 못한 꽃 잎지고, 꽃잎 다시 돋아 오르는
마석의 모란공원에
못다 핀 꽃잎을 흔드는 바람 소리
여름이 가고 또 여름이 가고 또 그 여름이 가면 세월이 간다는(슬픈 여름)
첼로의 선율이 귓전을 맴돌다 흩어진다

"6411번 버스를 아시나요?"
"6411번 버스를 아시나요?"
낡은 테이프의 육성은, 살아서 굴레를 벗었구나

일식(日蝕)은 간밤의 꿈처럼 지나가고
6411번 버스는, 오늘도 꾸벅꾸벅~
좁은 골목을 빠져나와 도심 속의 거리로
빌딩의 긴 복도를 지나 구석구석 투명한 시간을 풀어놓는다

찌든 매일의 때를 밀어내며, 자신의 그림자를 마저 지우는 뒷걸음질로
산뜻한 아침을 부풀리고 있는 사람들

유리문 저편, 발을 부딪치며 첫차에 매달리던 사람들이 잠시
호흡을 고르는 마늘쪽 같은 투명한 공간. 있어도
없는 듯 있는 존재에 대하여
묻지 마라, 개기일식이다

갓길

바랭이 강아지풀 개망초 쑥대
씀바귀 광대나물 달맞이꽃 연백초가 어우러져 피고 지는 길

마디마디 빨판을 달고 벋어 오르는, 가시박 넝쿨손
장 둑에 피어나는 수많은 풀꽃 속의 꿀벌들을 흡입하면서
강아지풀 꽃대의 목을 움켜쥐고 찔레 덤불의 가시를 넘어
고개 숙인 벼 이삭의 머리채를 잡아 흔들어대는, 저 생식의 욕구

갓길에 뿌리를 둔 꽃들이
모든 에너지를 뿌리로 내리며 꽃잎을 지우는 계절에
대단한 흡착력과 솟구치는 욕구의 가시들, 가시 사이로 눈부시게 쏟아지는
맑은 햇살이 너무도 아까워, 잡히는 대로 가시박 넝쿨손을 무질러 보지만
이내 손에 배어드는 무지막지한 생식의 비린내, 비위가 상해
실없이 자갈돌만 툭툭 치며 둑길을 걷고 있다

바람결에 묻어온 새똥처럼, 어디서 날아온 씨앗이냐
강아지풀 꼬리를 움켜쥔 가시박 넝쿨
6 · 25 동란에 벌거벗은 민둥산의 붉은 흙을 빠르게 덮어주던 아카시아를
리기다소나무를, 새가 지나다 머무른 자리마다 무성하여
입술이 멍들도록 풍요를 안겨주던 뽕나무를 덮어 누르며,
거미줄이라도 잡고 올라, 새의 날개마저 낚아챌 기세다

맑은 햇살이 쏟아지는 날이면
풀이 하얗게 널브러져 흙에 투영된 판화가 된다.
풀꽃이 빛나던 그 빛에 흠뻑 젖은, 판화의 음각 속에서는
지렁이가 차도를 횡단하고 있다.
소름 돋는 가시 속을 갓 빠져나온 붉은 몸뚱이
잔모래와 따가운 햇살을 온몸으로 접었다 늘려가는 한걸음
아직 배우지 못한 것은 겁내야 하는 일일 뿐

내가 배운 나의 발은, 마치
꿈틀거리는 한 생명을 뺑소니 해, 그 기억을 꾸역꾸역 삼키며
무엇이든 덮어 누르고 올라서는 가시박 넝쿨 솜털 사이, 감춰진
내 안에 체화된 생식의 이빨과도 같이

전진하는 일일 뿐
가시박 넝쿨은 벋어가는 둑길에 나팔꽃이 무어라 외쳐보지만
그 소리의 거리는 얼마나 먼 것인가? 인도와 잡초 사이

가시박 넝쿨의 가시 속을 빠져나와
둑과 둑 사이 인도를 건너가는 지렁이의 한 발짝은
온몸으로 칭칭 감은 시간의 주름이다

쑥

짓누르는 힘이
솟구치는 힘을

아스팔트 길을 뚫고 돋아 오르는
거대한 힘을, 봄은
아는지

3부

▼

네가있으므로
나는사람이되어
가는길이고난이라
하더라도그것이
행복이고희망이라
는걸알게되었어

자작시 순천만에서 가려쓰다
이천십삼년봄 산빛 최동희

몸은 달다 1

떫고 쓰고 맵고 짠 맛을 덮으려고 쳐 대던 설탕
설탕을 빼낸 식탁의 진미는
짠맛이다

짠맛을 뺀 식탁은
싱거워라

맹물 같은 밥상
맹물 같은 사람
맹물 같은 일상
맹물 같은 사랑을 한, 밥맛 떨어진
어느 여름날, 맹물 같은 생애의 물 말은 밥 한술
고추장에 풋고추를 꾹- 눌러 찍어 먹던
단맛이란
짜고 매운 맛 속에서 우러나온, 묘미다

몸은 달다 2

때를 재운 골목에 들어서던 제과점에서
솔솔 배어 나오는 구수한 단내가 고픈 몸이
샴푸 향에 젖은 머리카락을 날리며
손과 발을 이끌고 간다
매일의 아침은, 빵이나 김밥 속의 당분이 분해될 때처럼
불끈, 힘을 솟구치게 한다

인력사무소 앞은 이른 새벽부터 긴 줄이 서 있다
줄은 절반도 못 미쳐 잘리고, 남은 줄은 주춤주춤
점선으로 분리되며
골목 담벼락의 시멘트 블록처럼
담벼락의 그늘 속으로 흡수된다

그러다가 장마가 길어지는 날이면
그들은 골목의 담벼락에
철 지난 화보처럼 눅눅하게 붙어있다
시야의 사각지대에서 때를 기다리는 거미처럼
실낱같은, 그러나 끈끈하고 질긴 생명줄 하나 꽁무니에 숨기고
언제 해가 반짝 뜰 거라는 일기예보를 기다린다

여기저기 감자나 마늘밭에서 부를 것이고
참외나 수박밭에서 부를 것이다

얼기설기 엮어놓은 철골 구조물이 늘어진 건설 현장에서
다투어 부를 것이라는 꿈을 꾸어 볼 수 있기 때문이다

추락하는 거미는 없다
집을 짓거나 먹잇감을 제압하거나, 혹은 비바람에 휘청거릴 때
떨어져 내려앉은 곳, 그곳에서부터 기둥 하나를 세울 것이고
바람을 타고 허공 속에, 하나의 공간을
구축해 나갈 것이므로

몸은 달다 3

먹구름이 몰려오는 오후 세 시
허리 펼 새 없이 서둘러 들깨 모를 심었다

모든 생은 진자리에서 시작되었듯이
어린 모의 구겨진 잔뿌리는 진흙살을 헤집어 자리를 잡고
비바람에 쓰러질 듯 기울어진 줄기는
쏟아지는 햇살 속으로 꼿꼿하게 뻗쳐오르길

무성하여라
8월의 뙤약볕에 서서

땀

가문 여름 폭염 속을 걷는다는 일은
쏟아지는 햇살 속으로 지구의 바퀴를 돌리며 걸어가는 일
삼가 호흡을 정제하는 구도(求道)의 시간이다

내 안의 바다를 흠뻑 빨아내었다 써레질을 하는 펄밭에
갯물이 증발되는 살가죽, 기름과 염분이 녹아든 마블링 작품이다
시시때때로 살갗을 열고 퐁퐁 솟는, 이 물의 원천
매일같이 샘물을 끌어 올려 몸을 닦아내려도
끈끈하고 짭짜름한, 이 물의 성분
이마를 내려와 눈, 코, 입, 등줄기를 적시는 거미줄 같은, 이 물의 줄기

풀벌레 소리 숨죽은 고요한 새벽
머리맡의 알람음에 반사적으로 일어나는 몸은
뻣뻣한 무릎관절을 조심스럽게 움직였다
구순의 노모와, 여유를 누릴 만하니 노심초사 병마와 싸워야 하는 남편과
취업대란 속에 가까스로 일자리를 얻은 아들의 머리맡을 지나
한 발짝 옮길 때마다 물 빠지는 소리가 났다

나는 양팔에 방수 토시를 끼우고 긴 방수 앞치마를 두르고
면장갑 위에 고무장갑을 끼우고 장화를 신고 중무장을 한 실전의 전사다
소는 뚜벅뚜벅 온다
간밤 열대야에 잠 못 이뤘을 소도 먹고 사는 일이 녹록지 않다

한여름 도드라진 갈비뼈가 실룩거리게 통통 불은 우유 통을 매달고
아침저녁 먹으면 샘물 오르듯 차오르는 우유 통을 비우러 온다
먹지 않으면 죽고 비우지 않아도 살 수가 없다
껌벅껌벅 커다란 쌍꺼풀 속 맑은 눈망울에 잠기는 나의 얼굴

나의 땀은, 소의 걸음으로 돌아가는 바퀴 위의 물이다
내 몸 안의 물을, 내 몸 밖으로
내 몸 밖의 물을, 내 몸 안으로
끊임없이 물레질하는 생의 증류(蒸溜)다

별 없는 밤

나의 아침이 밤으로 가는 길
코를 처박고 땅속으로 기어드는 홀스타인
소, 한 마리를 우리에서 끌어내었다

동지가 지난 후, 해는 많이 길어졌지만
매서운 바람이 콧잔등을 후리고
갈비뼈 속으로 시리게 파고드는 이른 아침
언제부터인지 까칠한 털만 등가죽에 붙어
풀이 죽어가는 소를 집 곁에 옮겨 놓았다

곧장 수의사가 달려와
목덜미의 살가죽을 째고 고름을 짜내고 붕대로 구멍을 틀어막은 후
날마다 영양제와 치료제 링거를 놓으며
건초와 각종 조사료를 부드럽고 촉촉하게 만들어
턱 밑에 가져다 주곤 했다

그런 수고로움 따위는 아무 의미도 없이
좀처럼 식욕은 늘지 않고, 점점 새김질이 줄더니
오늘 밤엔 한 귀퉁이에 자리보전하고 있는 것을 두고
잠자리에 들었다, 눈에 밟혀 잠이 오지 않는, 별 한 점 없는 밤
시곗바늘은 고대 장식물처럼 붙어있다

축사에 다시 눈이 내리고 칼바람 몰아치던 밤이다
시간이 멈춘 혹성의 분화가 일어나는 순간
별빛이 지상에 쏟아졌다
끈끈한 점액질의 어미 소의 내부(內部)가 외부(外部)가 되는 찰라
혹한 속 어미 소의 산실(産室)을 지키는 나의 외부(外部)는 내부(內部) 깊숙이 모든 통증들을 빨아들이는 자궁에 당도하고 있었다,

빙하기를 지나쳐 오는 동안 나의 외부가 생겨났고
어둠의 속은 나의 내부가 태어나기 위한 진통이 진행 중인
길이다

깨꽃 쏟아지는 밤

몽유
저로부터 추락한 팔 하나가
생쥐가 갉아놓은 어둠 속 터널을 지나간다

암흑
원초적 본능의 촉수를 올리고
한 걸음 한 걸음 더듬어 문밖을 나선다
불빛이 꺼진 유년의 뜰, 들깨밭에는 별들이 쏟아져 내려앉았다
내 속, 블랙홀의 검은 댕기가 풀어져 나와
마술처럼 우주를 덮을 때, 들깨밭에는
들깨꽃망울이 스멀스멀 향내를 피우고 있었다

촉
나간 가로등 아래는
촉 나간 통로로 피어오르는 향내가 있다
수십 길 밤의 깊이로 촉을 잃은 것들이
붙잡을 수 있는 것은 향내뿐이다
어두운 통로를 밀고 올라올 수 있는 길은 향내뿐이므로

통증
없어진 팔 하나가 살아 있다는 증거다
팔이 잘려 나감으로 팔의 무게까지 잘려 나갔을 거라는 것은 착각이다

없어진 팔의 무게가 가슴 위쯤 허공에 매달려 있다
남아서 한 생을 거머쥐어야 할 팔의 무게가
없는 팔의 무게에 실리는
형체 없는 팔의 촉이 살아나는 밤이다

꽃
어둠을 밀어 올리는 어둠의 밑에는 향내가 있고
향내를 밀어 올리는 향내 밑에는 가시와 같은 촉이 있다
저로부터 추락한 무딘 육골이 제 몸 가시 돋는 밤이
아픔뿐이랴

관절염

창밖에는 눈이 내리고
무릎 연골 속으로 찬물이 고인다
제방에 물 스미듯 무너지는 연골

내리는 눈은 종일 쌓여 길을 막고
좁아진 혈관을 타고
뛰는 맥은 규칙이 없다

벼알이 허공에 목 놓아 외치다
휘날리는 눈 속에 무참히 흩어진다
관공서는 문이 닫히고
병원 계단은 너무 높다

고무신을 벗고 장화도 벗고
흙의 기운을 온몸에 들이며
무릎 사이로 전율이 오도록 흙을 쓰다듬고
보듬으면서 씨앗을 심고 열매를 거둔다
등허리가 굽도록 사랑을 하다
저물녘에 돌아온 몸아

굽은 등은 흙 담벼락을 마주하고, 못다 한 사랑에 대하여
흙담도 푸슬푸슬, 뼛속의 칼슘이 빠져나오듯

함께 뒤척이는 연골 사이 바람이 시린 밤이다

바람이 오는 줄 아는 이 없어
흙에 뿌리를 둔 나무들이 일제히 제 몸을 세차게 흔들어댄다
겹겹이 쌓인 창틈으로 뼛속으로 에이는 바람
그때서야 바람인 줄 아는 까닭에
아파야 근원을 아는 까닭에
몸아
우리는 끝없이 긴 밤을 앓고 있구나!

직립 보행인

가장 낮은 자세로 임하게 되는 날은
하늘이 유난히 낮은 날이다
머리와 가슴과 무릎을 팔과 다리가 닿는 바닥에
내려놓고
죽은 벌레가 된다.

회색 하늘이 죽은 벌레의 등딱지를 덮어 누르다가
다리 사이로 기어들어 배를 뒤엎는다
그런 자세로 하늘이 다시 높아질 때까지
기다림의 시간을 배우는 중이다
바닥의 따뜻함, 그러나 역시 하늘은 높아야 좋다

하늘이 들리며 죽은 벌레도 들린다
무릎이 관절염을 앓지 않더라도
이미 엎드려 기는 법에서 일어난 직립 보행인

다시, 그 시절로 돌아가는
기다가 일어서다 넘어져 그대로 직립 보행 이전의
원시 인류로 돌아갈 수는 없다
무릎 관절에 쇠무릎을 박는다 해도 걸어가리라
죽은 벌레가 떠다니다 하늘에 닿기까지

몸은 커지리라
키높이 신발을 신고 삐걱거리며 자라 오르리라
꿈을 꾸며 수 없이 넘어진, 바닥의 따뜻함을 밀어내며 일어서는
직립 보행인, 죽은 벌레 같은 마음이
먼데 하늘에 있어 절름절름
관절염을 안고 하늘사다리를 걸어가야 하는, 직립 보행인

몸으로 쓰인 시

이제 세상에서 가장 오랫동안 잊히지 않을
시를 쓰기 위하여 잠을 설치는 일은 하지 않겠다.
해가 지면, 내 안의 뿌리 내린 나무에게
아늑한 어둠을 드리우리라
고요히 눈을 감고
나이테를 만지며 흘러간 세월의 이야기를 듣겠다.

바람결에 들려오는 소식에 나뭇잎은 팔랑거렸고
새와 벌레들이 서로 몸을 숨길 때마다
팔랑팔랑 문을 열고 닫으며 지켜보던 잎새들이
발밑에 쌓여
바스락바스락 다람쥐들이 알밤을 감추는 소리와
더 큰 산 짐승의 발자국 소리를 누군가에게 들려주기도 했다
비가 오면 비를 맞고
눈이 오면 눈을 이고
세상의 풍경을 바꾸고, 풍경 속에 있는
풍뎅이가 시를 쓰게 되는 시간을 맞이하리라

뙤약볕에 마른땅을 건너가는 지렁이, 내 몸이다
좀 더 높이, 더 멀리 날기 위해 날개를 펴는
새의 날개, 나의 영혼이다
번데기 안에서 성충으로 깨어나는 나방의 몸부림,

나의 의식이다
알을 품은 어미 닭의 인고, 나의 가슴이며
나무를 흔드는 바람결, 나의 체취다
산과 바다를 끌어안고 있는 한 점 모래알
나의 자취
부서지는 시어들

4부

▼

생각

사각형과 아이들

21세기 아이들을 앞지르기하며
20세기 선생님들이 학교 교문을 들어간다.
사각형의 운동장을 가로질러
20세기 선생님들을 앞지르지 않으면 안 되는
21세기 아이들

사각형의 교실 벽에 붙은 사각형의 창문으로
사각 진 하늘을 빠끔히 들이며 가끔
같은 거울 속에서 서로의 눈을 발견하며
공통분모를 찾기도 하는
21세기 아이들과 20세기 선생님들

복도의 긴 그늘의 띠가 함께 묶어 둔 학교가
미세먼지와 안개에 들려 공중에 떠 있는 날이 많다

종종 교도소보다 더 높은 학교 담장을 넘어
계절을 맞이하는, 기울어진 운동장의 봄
21세기 아이들의
푸른 동공의 출렁임

판독

가장 으슥한 곳에 뼈만 남은, 내 노모 같은
한 영혼을 내려두고
그 길을 지우며 돌아왔다
등에 업고 간 망령 하나가 뚝 떨어져 있다
돌아오는 길을, 잃고 헤맬 때 빠져나간 노모의
한 영혼 같은 고개가 꺾인 청솔가지 하나가
뚝, 떨어져 그 길을 가리키던
소나무 숲은 이제 빌딩 숲이 되었다

달빛은 빌딩 숲의 어둠을 파먹으며 차오른 한 망령의 살덩이
달빛을 갉아먹으며 뼈 안의 흰 살을 채우는 게는
오늘도 지구의 변방을 횡단하고 있다

그 무엇으로 채워진 것인가
화가 이중섭의 소의 뼈는
울퉁불퉁한 능선 아래로 여전히 뜨거운 콧김을
뿜어내며 황톳길을 걷고 있다

가장 오래 남아서 하나의 몸을 지탱하고
유전의 길을 걸어가야 할 것들은
가장 으슥한 곳에 들어가 있다

내가 등지고 가버린 두렵고 부끄러운
그러나 끊어 낼 수 없는 혈맥 같은 애환과 애증의
편린(片鱗)들이 붙은
망령이 어느 산 고을을 떠돌 때, 나의 뼛속은
무엇으로 채워져 어디를 가고 있는 것일까
컴퓨터 촬영실에 몸을 누인다
방사선이 분산되는 순간이다
흰 살 같은 달빛이
'번뜩'하고 뼛속을 통과한다

병

풀잎이 바람에 귀를 씻는다. 풀잎이 빗물에 귀를 씻는다
풀잎의 귓속은 온종일 풍차 돌아가는 소리로 가득 차다

바람이 불어오는 방향에서 나발처럼 열린 길목을 빠져나오면
하루의 일과가 끝나는 지점이다
하루 종일 풍차 돌아가는 소리에 열린 귀가
좀처럼 닫히지 않는 이명(耳鳴)에 뜬눈으로 밤을 샌다
오늘의 구차함이 어제고, 어제의 구차함이 오늘인
진부한 일상의 소리들이 마구 풀잎을 흔들고 간다

풀잎이 별빛에 귀를 씻는다. 풀잎이 진눈깨비에 귀를 씻는다
아무리 씻어도 씻기지 않는 제 귀가 의심스러워
차라리 제 귀를 자른 자화상들이 떠 있다가 사라지는 길이다

광화문에서 쏟아져 나와 내자 로터리를 지나 효자동 치안센터 앞
금단의 담벼락을 넘어가는 퍼포먼스들
다시 미끄러지는 담벼락 너머의 어둠의 산
모든 소리를 생산해내고, 집어삼키고 재생산하는
한 귀만 열린 거대한 산이 토해내는 리플리 증후군 바이러스가
세포 분열을 일으키며 어느 어린 영혼을 구차하게 옭아매고 있다
한 귀만 열린 세상의 하늘이 캄캄하여
귀와 귀를 맞대고 서로가 서로의 몸을 엮어

바람이 불어도 꺼지지 않는 등불을 밝히며
어둠을 건너가는 풀잎들의, 정연(整然)한 밤이다

다시 오지 않을 것 같은 봄, 꽃은 피어나도
얼음 풀리지 않는 지난한 세월
반 고흐의 <별이 빛나는 밤>*의 소용돌이 속으로
푸른 별의 꼬리가, 반짝 사라지는 순간이다.
오늘 밤도 어디선가 제 귀를 자르는 자화상 하나 떠돌다
디지털로 오는 부음이다. 메스의 날이다
한 귀만 울리고 지나가는 산 메아리에 잠 못 이루는
자화상들의 이명(耳鳴)은
불치의 병인가?

* 네덜란드화가 빈센트 반 고흐의 대표작. 그의 짧은 생애에 마지막 정신병과 싸우며 귀를 자른 후 그린 작품으로 정신장애의 고통을 묘사하고 있다.

빛이 빛을 지울 때

젖은 4월
빛은 꽃에 색깔을 입혔다
그러나 빛은 꽃에 색깔을 지웠다
가문 오월의 하늘은 빛깔이 없다

깜깜한 절벽을 미끄러지며
메신저는 숨이 막힌다
슬픔이 꽃받침까지 차오르는 동안
빛은 메신저를 지우다

나의 아버지 어머니, 나의 형제, 나의 친구
차마 사랑한다는 말도 하지 못했던 순간
떨어져 흩날리는 흰 꽃들
기억의 뿌리에 내리리.
수많은 개미와 땅강아지들이 누비는 흙 속에
묻히리

이제 잠들지 않으리. 안부가 궁금한 사람들과
안녕 잘 자! 서로의 안녕을 기도하기 전에
먼저 잠들지 않으리

잠들 수 없는데 드러눕는 거대한 이 몸집
둘 곳 없는 마음, 바다
함구(含垢)한 물살

빛은 다시 4월을 피우고
빛이 빛을 지우는 5월도 가겠지
계절은 5월을 눈부시게 빛내며
흰 기억의 뿌리를 흔들어 슬픔이 오면
둘 곳 없는 마음, 바다
함구(含垢)한 물살에 누이리

강바닥에 그림자 두고

강가에 큰 빛 이끼벌레가 나타났다
소리 없이 강바닥을 점령해 가고 있는 살덩이

수술대 위에서 내려와 마취가 깨어나는 순간
모든 아픔으로부터 자유로울 거라는 착각 속에서 빠져나오며
통증이 시작된다
모든 통증은 살아있다거나 죽어가는 것을
혹은 다시 살고자 하는 몸부림의 신호다

아픔에 대하여 두려움을 먼저 배우고 태어난 후예들의 그림자놀이
정오가 되면 그림자는 각자 자신의 발밑으로 숨어들어
서로 몸을 밀쳐내어 그림자를 밟아야 한다
더욱 치열한 육박전을 예고하는 그림자놀이

그림자를 먼저 밟아야 이기는 게임
키 큰 사람과 키 작은 사람과 어떤 사람이 유리할까

누구든 자신의 그림자로부터 자유로울 수는 없어
3차원의 생존 전략은 투명 인간이 되는 것이다
자신의 그림자로부터 자유롭기 위해 투명해진 살덩이

긴 녹조 띠에 묶여 망연히 누워있는 강 둔치에
흰 가슴을 동동 띄우고 송장헤엄을 치는
너무도 적막한, 한 무리의 물고기 떼가 떠간다.
강물이 제 그림자를 벗으려 한다

한 세월 물때를 벗으려, 굽이진 소용돌이에
머리를 처박다
저 홀로 벗지 못하여 쇄락한 살덩이

셀카를 찍다

나의 신발 속에 발을 둔 한 사람
마른 실개천을 따라 피어있는 풀꽃들 사이에 반쯤 얼굴을 묻고
내가 한 발짝 떼면 그도 한 발짝 떼고
내가 가는 방향대로 그도 나와 같은 곳을 향하여 간다

나는 날마다 다른 색깔의 옷을 입는 것을 좋아하고
내 얼굴도 때마다 다른 색깔로 치장을 한다
그러나 그는 뚜렷한 모양과 색깔이 없다

나는 앞을 바라보는 눈을 가졌다
그의 눈은 어디 붙어 있는지 알 수가 없다
나는 귀가 있어 소리를 들을 수 있고
입이 있어 말을 할 수도 있지만
그에게서 귀나 입을 발견하기란 쉽지가 않다

그래서 그런지 그는 늘 고요한 가운데 그의 발은
나의 보폭 안에서 한 번의 일탈이 없다
그러한 반면 비교적 길 안에서 나는 자유롭다.
그러나 나는 어떠한 사물과도 섞이지 않는 이방인일 뿐,
길 밖의 사물들은 나를 쉽사리 받아들이지 않는다
같은 신발 속에 발을 둔 그는 참으로 자유롭다

빛이 나를 통과 하며 빠져나간 나의 일부가
저기 낮달처럼 하나의 공간을 끌어들이며
그곳의 사물들 속에 들어가 있다
갖가지 풀꽃들 사이로, 논둑과 야산 둔치 늘어진 찔레 덤불을 지나며
돌 축대와 실개천에 발목을 길게 드리고 흐르는 풍경처럼 강물 속에도
마을 길로 접어들어 전봇대와 담벼락에도
담쟁이처럼 넘나든다
나로부터 시작하여 나와는 사뭇 다른 세상에
얼굴을 맞대고 있는 무채색의 나

하루에 한 번은 나와 거리가 가장 가까운 시각
나의 머리카락 사이 돋아나는 햇살처럼 내가 가장 커질 때
나는 더 이상 나의 발밑에 온몸을 뭉뚱그려 양초 받침처럼 있는 그를
찍을 수가 없다. 나의 초점은
(나의 정수리에서 발끝까지) 나를 관통하지 못하므로

물 빛

어떤 날의 투영이다
한 번도 같은 빛을 띤 적이 없다
때로는 고요히 맑고 푸르다가, 붉고
거친 호흡을 내뱉다가 누워, 신음하는

한 번도 어떤 생을 거부해 본 적이 없다
흙살이 떠가는 붉은 냇물
풀뿌리를 지나 모래톱을 지나 돌멩이를 굴리며
바윗돌에 머리카락을 풀어 감기는 시퍼런 물
어느 하루, 같은 노래를 반복하며
같은 얼굴로 잠들지 않는
물의 빛은, 어떠한 삶의 빛깔이다

너는 투명한 물의 살 속에서
실핏줄을 씻기듯 비추며
열 두목 여울에 나의 이와 혀를 닦고
손톱을 깎아내린다

물살에 떠오르는 나의 그림자
날마다 생명을 다한 세포들, 말의 무덤들, 언어의 사족들,
관습처럼 붙어있는 생각의 각질들이 물살에 이끼처럼 붙어
유속을 가로막고 있는, 시체들

아스팔트와 봄

어둠보다 더 검은 길의 가장자리는 희다
아스팔트 위 통행 금지선에
찔레꽃이 여린 손을 뻗고 있다

찔레 덤불을 지나 아카시아나무가
가로등처럼 서서 양광을 뿌리고
아카시아나무 아래 빛을 머금은 붓꽃

붓꽃 정강이쯤 토끼풀잎 세 잎 아니
클로버 잎 네 잎 갸웃, 갸웃
보일 듯 말 듯 내미는

밤보다 더 어두운 길의 가장자리는 눈부시다
가파르게 치달은 길의 난간을 기어오르는 연둣빛 손들
일제히 달려들어 이제 막 꽃망울을 밀어 올리고 있다

역류성 위염

홍화씨 차로 뼛속을 채우고
아침과 비슷한 저녁상을 비웠다
후식으로 올록볼록한 호두 두 쪽
누군가의 살아있는 뇌를 꼭꼭 씹어 먹었다

개천절 맑은 휴일 야심한 밤
헤드라이트를 켜고 발톱을 감추고 앉아있는 길고양이는
58년 개 생이다

신간 기간이 지난 「신춘문예 당선 시집」
갈기갈기 헤집어 먹다가 시를 토한다
신물이 넘어온다

일상 먹었던 몸에 좋다는 갖은 것들
쓴 커피와 두 쪽의 뇌가 부글부글 괸다
술의 향긋함으로 나의 일부가 되기까지
거절하지 못한 것들, 약물과 졸음과 오락과 안주의 유혹들
그냥 눈을 감는 일, 풍문들, 달콤하고 맵고 짜고 차갑고
뾰족한 것들을 덮어 누르는 두껍고 무딘 이성과 감정에
익숙해 버린 습성, 내 위벽과 뇌의 구조를 갉아먹는 것들
건조한 염증으로 누더기 졌을 내 속은 이제 단호하다

끄윽, 시를 넘긴다. 술이 되지 못한 내 안의 부류들,
떠밀려 나온다
진저리난다. 신물
다시 거둬들이는 것은 두뇌보다 더 민첩한 나의 위다
반사적으로 위는 거부한다. 그럴듯한 타협을
조금씩 꼭꼭, 하나하나 부드럽게 맛을 음미하며

속 쓰림을 다스리는 깊은 방을 시나
무색의 빈방이 나오다. 비로소
나의 뇌와 나의 위가 함께 누워 잠들고
향긋한 시가 꿈 밖을 걸어 나오리라 꿈꾸며
고맙다. 신물. 건조한 이런 시를 쓰는
내 속을 에어내던, 신물

아이와 굴렁쇠

모든 부피와 무게를 뺀 새가
하늘의 중심에서 종종
사라지곤 한다

구겨진 종잇장이 떠가는 하늘 뒤편으로
납작하게 떠서 지구의 무게를 가늠하다가
곤두박질쳐 고개를 꺾는 하구

물고기 떼 납작하게 떠가는 물속에
하늘이 가라앉아 있는 지구는
구겨진 은박지
무거운 공기를 굴리는 한 아이의 굴렁쇠가
이제 막 –
골목을 빠져나가고 있는 오후 세 시

여백

어제와 오늘은
한 보폭 안에 있다
한 보폭 사이
안으로부터 잠긴 문이 있다

어제의 발부리와 오늘의 발뒤축 사이
문이 닫히면 한 걸음도 걸을 수가 없고
문이 열리면 빛과 그림자의 삼엄한 경계가 풀린다

나의 발은, 늘 경계 밖으로
벋어가는 덩굴손이다

옥수수 입에 물고

옥수수가 여물면
내 시도 여물 거라고
묵정밭에 옥수수를 심고 돌아와
착상(着想)에 들었다

봄 내, 비 한 방울 없는 백 년만의 가뭄에
면모를 갖춘 옥수수
켜켜이 쌓인 거죽 속의 경(經), 경(經)을 익히며
자라나온 붉은 머리카락을 늘어뜨리고 서서
자신을 태우는 등신불이다

저를 태워 박인 사리는, 씹으면
씹을수록 구수한 맛을 품고 있다
내 속의 시 한 수는 언제나 곱씹어 볼 맛이 날지

거죽 속 부처의 말씀이나 푸욱 푹 삶아 입에 물고
묵정밭으로 달려가야겠다.

내 속에서 밀려 나오는 것은 시가 아니더라도 거름은 될 것이다
어릴 적, 새가 묵정밭을 지나갈 때면 풍경소리가 났다
두엄 속에 소화가 덜 된 사리 조각을 쪼아 먹는 새의 노래다

외로운 늑대

늑대가 나타났다
달려라 늑대

숲에서 내려온 외로운 늑대
어둠을 기다리다가 기다리다가

숲으로 가는 길이 공사 중이므로
통행금지선에 갇혀 있다가

어느 날 비 내리는 깜깜한 밤에
목젖 밑에 눌러놓았던 늑대의 울음
풀어놓았다

뾰족한 교회 지붕 위의 십자가에
소스라친 번개처럼
울음 빠져나간 가죽만 남아서
백화점 진열대 위에 축 늘어져 있다

공허한 짐승의 울음이 말라붙은
박제(剝製)된 전리품들
혹한기 기다리는 숲의 텅 빈
가죽 속의 인공 안구가 전리품으로 치장한 전사들의
눈동자를 끌어당기고 있다

운디드니에 묻힌 노래

넓은 잎사귀의 달(4월)에
말발굽 소리 대지를 깨우며 지나갔지
운디드니의 "붉은구름(Red Cloud),검은주전자, 앉은소,
매부리코, 번개와 천둥, 작은까마귀(Little Crow),
날쌘곰(Swift Bear), 무딘칼(Dull Knife)
흰소(White Bull)"[1]와 그의 친구들

"오래 살아남은 것은 이 땅과 산 뿐
하늘을/ 응시하며/ 성스럽게/ 나는 사네. // 내 말은/ 수많아"[2]

개미의 달에
"구부러진창(The Crooked Lances)과 빠른발(Fleet Foot)과
전투모(War Chief)와 여인곰"[3]들은
암 들소를 공격하는 발자국들을 쫓는 수 들소처럼 뛰쳐나갔네.
오랜 협상은 한낱 탐욕으로 구겨진 종이쪽일 뿐
백인 병사가 폭풍처럼 휩쓸고 간, 발자국을 좇아서

해와 달과 강물과 나무숲, 들소와 거친 바람과 같이 맨발로
대지를 지나가는 인디언, 인디언의 여자들과 아이들의
앙가슴을 관통했지
소총과 대포와 백인 병사들

그렇게 지나간 이유들 – '미개하여'
붉은 얼굴 머리 가죽을 전리품으로 들고 나팔을 불며 지나갔지
단지 미개하여, 가진 것 화살 하나 모카신 한 켤레
그 발자국을 푹푹 지나간 발자국 위로 흙이 덮이고
풀이 자라고 들짐승들이 지나가네.

"오래 살아남은 것은 이 땅과 산 뿐"

1), 3) 저자 디 브라운(미국) 최준석 한글 번역 〈나를 운디드니에 묻어주오〉에 등장하는 실존했던 인물들.
2) 인디언의 노래 〈나를 운디드니에 묻어주오〉에서 인용.

입의 무게를 재다

입은 무거울 때가 좋은 거라며
암암리에 서로 입의 무게를 잰다. 수시로
무거운 입을 무뚝뚝하다며 깎아내리기도 하는
양면의 저울을 가진, 우리는

껌딱지를 어금니 사이에 숨기고 산다
구호물자에 끼어 온 허기를 달래던 달달한 껌
단물 빠진 껌을 붙여 놓았다가 다시 떼어 씹었던
얼룩진 기둥에 때로는
기대고 살았던 몸이 머리가 기억하고 싶지 않아도
이미 저장된 기억은 지워지지 않아 이따금 씹는 버릇이 있다

음식을 먹고 나서 양치질 대용으로 씹고
배가 부르면 소화를 시켜야 한다고 씹고
배가 고프면 위장을 속이려 씹고
심심할 때면 심심풀이로 씹고
때로는 힘이 센 척 송곳니를 드러내며 씹는

친절하게도 마트의 계산대 바로 앞에 진열된 껌
호주머니 속에 핸드백 속에 운전석 옆에
여행 가방 속에 꼬박꼬박 챙겨둔 껌
하던 버릇대로 씹는다

무의식중에 씹고
신물 나게 씹고
피 터지게 씹다가
아무 데나 내뱉는
단물 빠진 껌딱지

어금니 사이로 숨겨 둔 우리는, 때로
엑스레이 앞에 '아-'하고 입을 크게 벌리고
자신의 입과 마주해야 할 때가 있다. 찰칵
슬금슬금 어금니 사이에 숨겨둔 껌딱지
잘근잘근 씹던 잇속이
고스란히 찍힌 입의 무게는

화가 장육진

배가 고파도
허리를 조아릴 줄 모르는 한 사람이
허구한 날 캠퍼스 앞에서 고개를 숙이고
상반신을 꺾고 있는 한 사람이

향하는 세상은, 지상과 지하를 관통한 엑스레이
군더더기를 깎아내리며, 덧입혀진 색깔을
빼내는 작업이다

"나는 심플하다" 입에 붙은 한 마디가
술을 좋아하는 그의 술값이고
상반신을 꺾고 그린 그림의 값이고
집으로 돌아가 허기진 아내와 자식을 끌어안을 사랑이다

〈나무와 까치〉
〈식탁〉과 〈아이〉와, 〈사찰〉과 〈진진묘〉
〈모기장〉과 〈밤의 새〉들
뼈대만 남겨 둔 그
돈 헤아리며 침을 바르는 손이,
입이 부끄러워 술값을 치르지 못했거나
빈 지갑을 꺼낼 용기를 내지 못했거나
술값을 내지 않았다는 그 사람

모기장 속에 누워
밤하늘을 말갛게 바라보던 그 사람이
뼈만 남아, 내세우는 한마디
"나는 심플하다"

한 때는 화가 장욱진의 〈마당〉에서
놀고 싶은 한 사람
'나도 심플하다'

잠식

둑길에서
고요히 경계를 넘어 인도를 점령해오는
가시박 넝쿨손
부드러운 혀의 톱, 오늘 아침
나의 바짓가랑이 한 오라기 붙잡고 늘어진다.
저기 자동차가 오고 있는데

구태여 무지근 손을 밟지 않아도 된서리 한 번 맞으면
그만이라고, 작년에 먹었던 내 마음에 콕, 가시가 박힌다

출처 모를 풀이 저 혼자 살겠다고
막무가내 타고 오르는, 손
고요히 한여름을 지나 다른 풀들의 세가 주춤할 무렵
어느 틈에 벌 나비를 몰고 둑을 점령하고 있는
가시박 넝쿨손
기세가 등등한 손안에 가시

눈에 뵈지도 않는 솜털 같은 것이
바짓가랑이에 붙어 와, 내 속은 온종일 껄끄럽다

잠자리

수초에 옷 한 벌 걸어놓고
물가에서 빙 – 빙 – 빙 –

빨랫줄에 옷 몇 벌 널어놓고
바지랑대 위에서 빙 – 빙 – 빙 –

일생의 잠 몇 잠 깨어나
옷 몇 벌 벗고 가는 일

몇 벌의 옷을 벗은 잠자리, 빨간 가슴에
날개가 돋아
하늘 마당을 빙 – 빙 – 빙 –

수 없이 잠을 깨고도 몽롱한
수많은 옷을 고쳐 입는 인생
바닥에서 빙 – 빙 – 빙 –

마모된 나사의 일탈

공기 가득 습하고
공기는 다리를 누른다
주저앉은 무릎이 다시 일어서는 일은
시간을 지우는 일
고정된 시간을 지워야 할 시간이 필요해
마모된 나사가 바닥에 뒹굴다
새가 되어 무거운 공기를 가른다

물속을 누비는 물고기다
젖은 날개는 젖은 대로 한랭전선을 끌어들이는
한 번의 발돋움, 아니
만 번의 발돋움, 이미
추락했던 시간들이 내장된, 용수철

다리를 접는 만큼 솟아오르는, 새 다리
마모된 시간의 무게가
솟구쳐 오르는, 동력

고정된 시간은 마모되는 시간, 마모된
나사 하나가 굴러가다가 하수구를 타고 쓸려 들어간
습지의 건기에, 파닥거리다 마모된 힘줄 하나
고정된 시간에 내장된 돌기 하나

바람결에 구르다 공기를 가른다
비에 젖은 무거운 공기의 속을
비상하는 새 다리, 나사는
마모되고 나사는 갈아 끼워져, 조여지는
고정된 시간의 속
이미 추락했던 시간들이
겹겹이 내장된, 용수철

검은 비닐봉지 안의 송곳

덜커덩
철렁 문이 닫힌다
밥그릇 깨지는 파열음들이
아침을 밀어내고
저녁을 밀어내고 있다

여섯 식구 식탁 위에서 밥그릇 하나, 수저 하나
짤랑짤랑 쪼개지는 소리
산등성이에 별자리마다 균열 음들이 파생되는 불면의 밤
서명한 날인들이, 빛나는 명암 속의 얼굴들이
변기통 물 내리는 소리

꺼— 꺽—
배설물처럼 쏟아져 나와 덮어 누른 소리들은
한 도시를 통째로 순장한 거대한 무덤의 덮개와도 같다
다양한 부패의 가스를 가득 품고 있는 입에서는 바람결에
실룩거릴 때마다 냄새가 뿜어져 나온다
무덤 안의 순장된 군중들의 형체가 보일 듯 말 듯
청각과 시각을 덮는다.

이제, 킁킁거리며 본능을 끌어 올려야 한다
엎드려 후각의 촉을 날카롭게 세우며

네 발의 포복 행위에 익숙한 소리가 소리에 먹혀
소리들은 들리지 않아도 실체가 보이지 않아도
내가 사랑한 체취나 간혹 보물 상자 따위가 들어 있는
검은 비닐봉지를 따라, 난지도로 간다.

병아리를 팝니다. 성을 팝니다.
앵무새와 카멜레온을 팝니다. 그것을 팝니다
사고 팔리는 것들이 검은 비닐봉지 안에서 부풀어 오른다
거대한 무덤

검은 비닐막이 위태롭게 실룩거린다
수많은 영수증과 형체 없는 소리들이 아직 부패하기 전
스스로 걸어 나올 수 없는 순장 군들의
가장 깊고 내밀한 자기 안을 에워싼
미끄럽고 얄팍한 하나의 검은 막을
뚫고 나오려 하는, 송곳

입 속의 빨강

하늘의 속을 파먹는 나무들이 눈부시게 푸르다
푸르게푸르게하늘의공간을비우고있는나무사이로
새가 사라지곤 한다

목이 꺾인 새의 꽁무니는 아직
빨간 똥을 붙잡고 있다

하늘 속으로 빼곡히 들어차
똥을밀어낼공간조차없는 저
푸른 입속에는

5부

▼

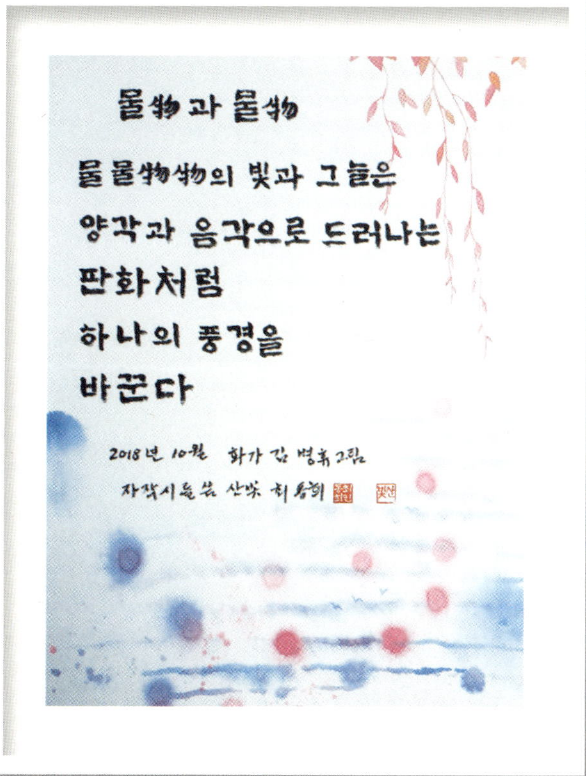

정물과 소리

나뭇잎 한 잎 흔들리지 않는
허공 속이다
머리카락 한 올 흔들리지 않는
몸의 속이다
마음 둘 곳 없어 새가 날아가는
공허로 가득한 집의 정물

나무와 열매들이 하늘에 놓인 창밖
소나무, 참나무, 아카시아, 찔레, 대추나무, 사과나무
어디선가 새 소리가 공기를 가른다

투명하고 뾰족한 열쇠가 달려있다
정물을 깨우는 새의 소리
소리는 자물통을 열고 빗발을 쏟아내며
풍경을 풀어놓는다

식탁 위에
옥수수와 감자와 풋사과 하나
흰 접시가 놓인 정물은
광음을 먹고 있다

광음을 먹는 육체의 집
나노의 회로에 불을 켜는 이는 누구인가

산(山)

산(山) 하나가 드러누워 있다.

나의 성스러운 산(山)이 되기까지는
쇠죽 솥의 여물이 이밥이 되기까지
젖은 검불 가랑잎 불로 우려내어 진국이 되기까지

쇠죽 끓는 냄새가 구수한 숭늉 맛이 날 때
소는 이미 내가 넘어설 수 없는
큰 산(山)이 되어 있었다.

일생에 필요했던 한마디 말조차
쓸데없다

평생 짊어진 짐 다 부려놓은
거죽만 남은 육신(肉身)의 멍에, 마저 내려놓고

무덤조차 원치 안 누나
질겅질겅 밭 갈고 씨 뿌려도 원이 없구나.

도깨비 풀*

도깨비 풀
내 몸에 붙어 떨어지지 않는다
털어내려 해도 떨어지지 않는, 흉

사랑이라는 것은 그런 것이다
원흉(元兇)이라는 것은 그런 것이다

뼛속까지 따라와 붙어 있구나
도깨비 풀

저린 무릎을 만져주는 건 결국
도깨비 풀
밭둑이며 산비알에 제멋대로 널브러진 잡초인 줄 만 알았더니
죽어도 아니 죽어도
내 뼛속 마디마디 아픔 곁에 붙어서
이 한 밤을 지키고 있구나
그러니 내 이놈의 도깨비 풀

사랑이라는 것은 그런 것이다
원흉(元兇)처럼 붙어서
속 아리도록 짜디짠 눈물 한줄기 우려내 황야(荒野)를 적시며
흘러가는 것

* 쇠무릎, 비름과의 여러해살이풀. 전라도 지경의 방언. 다른 이름으로 우슬, 백배, 쇠무릎지기 등이 있음. 마디가 소의 무릎 모양으로 두드러지고, 씨앗이 옷에 붙으며 떨어지지 않는 특징이 있음

마음에 박힌 꽃

썼다가
되돌린 문자
되돌린 안부
되돌린 화살
되돌린 눈물

돌아와
마음에 박힌 꽃
그 꽃들 가슴에 가득해지면
피지 못한 꽃 뜰 가꾸어
품고 다니면

그 사람
눈에서는 향기가 나겠네
걷는 걸음마다
꽃잎 피겠네

빈들에 서서

잠 못 이루어
어둠 밝혀 이루어 놓은 것들은
하나, 하나 밤의 물이 들어 형체가 없다

뜬 눈으로, 보이지 않는 것들을 위하여 무엇을 했는지
의식이 없었음을 의식하는 밤이다

어둠 안에는 어둠의 껍질을 갈구는 소리도 없다

어둠이 나의 뜰에 새운
모든 것들을
잠재우고 간다

오롯이 잠 하나에 깃드는 시간을 위한
기도라는 것임을 깨닫게 되기까지

사랑의 서곡

온 지구를 달구던 오후의 태양계를 넘어
신선한 이 기운은 어디서 오는 것인가
들리는 것은 너의 소리뿐
어둠을 사랑하여 부르는 네 노래

나는 방충망을 꼭꼭 여미고
드러누워 잠을 청한다

흉한 몰골의 벌레여
무덥고 칙칙한 창가에서, 너는
기꺼이 노래를 부르고 있구나!
그래, 나는 스스로 허울을 짓고
납작하게 몸을 감춘 번데기가 되어가고 있다

이름도 얼굴도 설기만 한
네 전생의 사슬
오늘, 녹록지 않은 이 생애에
부르는 너의 주술은
어둠을 삼키고 있다

징그러운 허물, 몇 겹을 벗어야
서로 알아 볼 수 있을까

새벽이슬 굴리는 소리로 벽 하나를 뚫고 오는
너의 영혼, 너의 심장은 분열하여
대기 속에 명명하다

징그러운 허물
나는 몸 안에 칭칭 감았구나!

등

죽은 자의 곁에 등이 켜 있다
누구의 등불이런가
저승길을 밝혀주는
산 자의 마지막 배려인가

문상객을 위하여 밝혀둔
죽은 자의 혼불이련가
살아서 꺼뜨린 마음의 등불 밤새워 사른다

사랑하는 일보다
사랑으로 생긴 상처가 더 많다고 생각한 날들이
회한(悔恨)으로 밀려드는 밤

이제는 말없이 서로에게 기대어 남은 온기를
나누어야 할 시간

안녕
새벽이 오면 희미한 등불
별 하나 가뭇없는 구름 아래 첫 땅
살아서 못 다 피운 등 불, 마저 태우는 풍경소리
어~우아 어~이
어~우아 어~이

새 한 마리

저 새
나무 끝에 홀로 앉아
무슨 생각을 할까

있는 듯 없는 듯 곁에 앉아서
함께 노을빛에 물들고 싶다

얼마나 비워내야
네 곁에 닿을 수 있을까

오늘도 너를 향하여 발돋음 하며
가슴에 돌 하나를 내려놓는다.

꽃과 무덤

눈꽃이 피어난 날은
허공에 하늘이 열린 날이다
무수히 하늘과 지상의 거리를 좁혀온 눈들
눈앞에서 사라졌다

눈이 사라지면서 꽃이 지듯 길도 지워지고
꽃이 지는 자리마다 지상의 모든 첫울음이 맺히는 길이다

내가 태어나 첫 발자국을 남겼다
희디흰 눈꽃 위에
'꽃'이라고 부르자 물이 되었다

내 어머니와 아버지가 만났던 눈길
어느 지점에 내가 서 있다
나의 시작은 거기서부터인가

아버지와 어머니가 만나기 이전
아버지의 길과 어머니의 길은 무엇이었는가
대지를 밀고 올라온 죽순이 빛을 향해 벋어 가고 있다

막다른 길에 길을 만들며 하늘의 공간을 끌어들이는
하늘 밖으로 난 길과

허공 속에 발을 두고 안으로 내리는
안과 밖이 만나 날개가 접힌 곳

마디마다 눈이 지나간 나무 끝에는 꽃이 피었다
꽃은 죽은 나무 위에서 새가 되었다

그렇다면 나의 첫발은
꽃으로 시작된 한 무리의 무덤이었는가

꽃과 얼음의 경계에서

쇄쇄한 먼지를 흡수하며 피어나는 미려한 눈꽃들
눈의 결정은 다채로운 보석이다
별들의 랩(rap)이다 낙화(洛花)다 시어(詩語)다

새의 콧등과 나뭇가지와 지붕과 철조망, 모든 경계에 피는 꽃들
밤새 어제의 자취에 뒹구는 언어들이 묻히고
새의 발자국하나 없는 무의 세계에 첫발을 내딛는 새벽
희고 차가운 본성으로 돌아가는 시간의 결정(結晶)은, 눈부시다

백설의 낙화
세상에서 가장 죄 없는 역사가 이루어지고 있다
기침 소리와 함께 해가 떠오르면 머지않아 백색의 시대는 지워지리라
간 곳 없이 사라진 이후 더러는 새들이 하늘 속으로 날아오르고
대지는 비옥해지고, 푸르름 짙어지리라

암탉과 개와 고양이와 소의 울음이 마을을 깨우고
고향길을 잃어버린 까마귀들이 텃새가 되어
이 마을 저 마을 외딴집 감나무 위를 배회하리라
또한 애써 가꾼 김장이며 벼 이삭들이 트랙터 바퀴 속으로
힘없이 쓸리던 아픈 땅속에서 누군가는

노란 지폐 박스 노다지를 캐내던 허탈한 뉴스 위에
검은 봉투 속 아기 울음 얼어붙은 먹먹한 뉴스가 묻히고
육중한 빌딩을 번쩍 들어 올린 새로운 건축 구조물들이 혈맥을 잇는
인류의 거대한 자취가 남으리라
초식동물의 어금니와 육식동물의 날카로운
송곳니와 인간의 입술이 너무나 많이 진화한

그래서 너무도 많이 퇴화되어버린 구강 구조가 변형된 DNA
호모사피엔스, 언어 아닌 울부짖음
캡슐 안의 쐐기문자가 우주를 떠도는

세상에서 가장 죄 없는 업적을 짓밟고 지나가야 하는 길
결빙의 아침, 폐부 깊숙이 찬 공기를 들여 마시며
나는 까치발로 간다.

새벽안개로 만나자

이른 새벽
미륵산 정상에 오르는 길
문명의 사슬에 갇힌 문명인의 염원

아직 일상의 무게를 털어내지 못한
팍팍한 육신의 행렬
영혼의 갈증을 내뿜는 열기

무수한 존재들의 입김은
새벽안개 속에서 자유로워진다.

천년의 풍우에 우뚝 서 있는
미륵 부처보다 더 먼저 일어나
산 정상에 올랐을 새벽안개

영겁의 연으로 몸 나뉘어
더러는 천둥과 번개로 수많은 밤
부서진 불면의 조각들을 싸안고
장엄히 벼랑을 내려와
통영 앞바다에 몸을 누인다.

이제
통영 바다의 것만이 아니다
우리는 더 이상
무엇이 되려고 산을 오르는 것이 아니다
물도 아니오, 구름도 아니다

인욕으로 마른 입술 위 신선한 물방울로
버거운 등을 밀어주던 따뜻한 손의 기운으로
청각을 잃어가는 귓전에 간지러운 콧김으로
아주 작은 목소리로 속삭인다.

우리 다시 새벽안개로 만나자
우리 다시 물안개로 흩어지는 것

생존의 냄새

진공청소기는
흰 머리카락과 죽은 살갗들을 빨아냈다
그러나 냄새를 빨아내지는 못했다

냄새, 벽이 열리는 틈을 타
조심스럽게 나와 이방 저방을 기웃거리다가
마당으로 벌판으로 날아갈 때는 이미
검은 비닐봉지를 벗어버려 냄새는
앞산의 아지랑이가 되었다.

마포가 지우려고 했던 것은 기침에 묻어 있는 균들과
뭉개진 지문과 비릿한 지린내뿐만이 아니다.
오! 페브리즈 페브리즈 광고 본방을 지웠다

청소기가 지나간 다음에는
미세먼지 농도 나쁨으로 찍힌 공기가 들어와
텔레비전 위에 앉았다

수십 년 텔레비전 곁에 앉아 먼데 친구를 불러 주던
유선 전화기 큰 글자 위에도 앉았다
유모차를 밀고 동네 한 바퀴 돌아와
말끔히 정리된 방 안의 새 공기를 들여 마신다는 것은

살아있음에 대한 존중이요 낙이다

새것 위에도 먼지가 쌓이면 재고 떨이를 하는데
먼지 쌓인 공기를 들여 마셔도 새것 냄새가 나 기분이 새롭다
맹물 세수만 해도 정신이 맑아질 때처럼

기억은 적어도 85년 전의 일을 떠올리지만
조금 전의 일을 기억하지 못하는
생존의 어느 부분을 편집한
구토와 설사와 틀니가 뒤섞인 오물 속에서

틀니를 찾으려 했던, 기어이 틀니를 찾아
다시 끼워 넣는 일이 생존이다. 이 원본은,
휴지통에 버려질 것처럼 접혀
영역 어디엔가 가장 깊은 구석에 밀어 두었다

진공청소기는 이것을 흡입하지 못했다
최신 탈취제라는 것도 이것을 탈취하지 못했다

쓰르라미

비는
내리는데

처마 밑에
모래알은
쌓이는데

창밖에는
별, 또 이슬
스러지는데

수천 겁
제 속에 내린 진액을
끌어 올리는 쓰르라미 한 마리

썩은 나무등걸과 같이 젖은 풀잎에 누워
바람결에 산산이
몸을 뒤챈다.

저녁 산

새가 가는 길에는 뽕나무가 있습니다.
뽕나무를 지나는 새의 속은 붉은 울음이 고여
저녁 산에 깃들고

오늘 내가 서 있는 이 길에는 새의 속을 지나온 뽕나무가 있습니다.
뽕잎 속을 아물아물 들어갔다가 나오는
내 속에는 붉은 개울이 하나 흐릅니다.

미나리 속을 지나, 망초꽃 그림자가 드리운
돌멩이를 에돌아, 여울에 씻기는
내 속은 고추잠자리 꽁지 빛으로 물들어갑니다.

나무가 서 있는 곳이면 모두가 새의 길이 되는 길에는
철새가 떠나고 텃새마저도 떠난 자취 없습니다.

새는 날아가면서 족적을 지우고 가는 것일까
새가 있던 자리는 그대로 나무이고, 꽃잎이 이울던 자리이고
허공입니다

문득 바람결에 묻어오는 꽃소식 같은 산 메아리
꽁꽁 얼어붙은 날에도 내 속에는 풀 그림자 떠가는
냇물이 하나 흐릅니다.

다랑이와 물

산 고을 다랑논에 층층이 물들어간다
자박자박 올라간 작대기 발자국 안으로
샛노란 산수유 꽃물 따라서 다래랑 머루랑
밤꽃이 알록달록 물들어간다

물 들어가니 물들어간다 물이 들어간다. 자작자작
닳아빠진 작대기 발자국을 따라
올챙이 발자국을 따라 두꺼비 발자국을 따라
굴뚝새 발자국을 따라 왜가리 발자국을 따라
부엉이 발자국을 따라서

산 비알로 아글타글 올라간
발자국을 따라서 물오르는 길
산 중턱을 기어 올라 산꼭대기 하늘 지붕 밑까지
숨이 턱에 받치게 물오른 바지게

진액이 오른 송기를 벗겨내는 물 옮는 밤
물 옮아가 푸르다가 노랗다가 붉다가
탄다. 물 타는 시절, 물 타가는 시절 숲은
노랗다가 붉다가 고요한 기침 소리

물들어가다 보니 물 탄 길, 길은 물이 들어가며
발자국을 찍고, 발자국을 따라가는 길은, 물 타기 하는 길

물 탄 길을 나오면 막다른 길, 잡초 우거진 산 고을 다랑논
층층이 물 빠진 논둑길을 돌아, 돌아서 보면
물외(物外) 안이다

생각대로

내 안에 씨앗 하나를 심었습니다.
내가 매일 어떤 음식을 먹든
어떤 생각을 하든
그 씨앗은 자랄 것입니다.

내가 먹은 음식과
내가 먹은 마음은 자라서, 온통
내 안을 채우고
내 몸을 뒤덮어
나를 이루게 될 것입니다.

나는 원합니다.
지금의 내 모습을
사랑스럽게 바라볼 수 있는
내가 되기를

가진 것이 적어 넓어진 내 안에
다른 사람의 다름과 함께 할 수 있는
자리 하나 더 가져, 여유로운 내가 되기를

스스로 냉철한 잣대를 들이대는 것은
스스로 냉철한 잣대를 들이대어야 하는 것은

몸과 마음이 허락하지 않는 옷을 입지 않기 위하여
최선의 옷을 재단하는, 재단사와 같은 마음

새로운 길을 선택한다는 것은 가슴 뛰는 일
지금 내가 가고 있는 이 길을 들어설 때
나를 가슴 벅차게 했었지

길은 그 날의 연속. 다만 그 날의 연 속에 지쳐가는 나
길은 그 날의 기쁨. 기쁨의 연속. 그럼에도 더 이상 기쁨인 줄 몰라
마음은, 이제 무엇을 원해야 하나

무서워라

어느 시체위의 개미 한 마리

밤 속에 빠진
개미 한 마리
창틈에 낀 밤 풍뎅이
풍뎅이 위의 개미 한 마리

밤 속에서 빠져나오네
밤 풍뎅이 빠져나오네

어느 시체위의 개미 한 마리

오솔길 1

한 그루 보리수를 심기 전에
한 포기 장미꽃을 심기 전에
한 알의 작은 풀씨를 심었을 터

한 무리의 양 떼를 키우기 전에
한 사람을 이 땅의 주인으로 세우기 전에
한 마리의 실지렁이를 은밀히 숨겨 놓았을 터

이름도 없는 솜털 같은 풀뿌리를
보드랍게 감싸고 있는
흙 속에

오솔길 2

길 가장자리 돌멩이를 지나던
풀줄기들이 서로 엉겨 붙어있는, 위로
어느 목마른 사람의 목말랐던 순간이
밀랍처럼 붙어 있다

빈 생수 페트병 안에
물만 빨아 먹고 버린 사람의
이끼가 무성히 자라

길의 가장자리에서
길의 중심으로

길의 고요를
점거하고 있다

풍화작용

화석
그 꽃잎 무늬는 꽃이었을까
등딱지 이었을까

타이베이 야류 해안의 사암 속에서
살아나는 자취
나는 오늘 비바람을 맞으며 그 곁을 지난다

돌아서며 사라지는 내 발자국

엉겅퀴

장맛비가 멎은 뒤 초록 위의 초록이 무성히 번어가는 길입니다
냉이 초록 옆 바랭이 초록 어깨 위로 쇠뜨기 초록 손가락 사이
달맞이꽃 초록 발등을 덮는 쇠비름 초록의 뿌리 밑에서
지렁이 초록이 가끔 발을 멈추었다 가는 길입니다

쑥 초록과 나란히 개망초 초록을 간지럽게, 강아지풀 초록이
살랑살랑 초록 털에 앉은 이슬이
저마다의 초록으로 빛나던 아침
소리쟁이 초록 그늘에 클로버 초록 네 잎이 갸웃이 고개를 드는 사이
뾰족이 올려다 보던 질경이 초록이 어디로 숨어버린 길이기도 합니다

초록과 초록 사이를 스멀스멀 기어 올라온 가시박 넝쿨 초록 가시가
꿀샘을 터뜨리며 꿀벌들을 빨아들이는 길의 모서리를 지나가는 아침
만보기가 가쁘게 째깍거리는 동안, 문득
엉겅퀴 초록이 보이지 않습니다

언제부터인지 풀뿌리에 말라붙은 기억이 소름 돋는 길입니다
엉겅퀴 꽃물에 쌀보리 밥을 삭힌 울 어머니 표 엉겅퀴 감주가
철없이 입술에 쩍쩍 달라붙던 시절의 엉겅퀴 초록 가시 하나가
말라붙은 기억을 흔들었습니다

보랏빛 엉겅퀴꽃이 피고 있었습니다
논둑 밭둑 들길을 누비던, 울 어머니 삭신을 어루만지던
엉겅퀴 초록 가시들이 보랏빛 꿀 꽃잎을 밀어 올리며 흔들렸어도,
나의 기억을 가시박 넝쿨의 가시들이 지네발처럼
기어올라 덮어 누르는 사이

솔밭비알 붉은 흙살을 보듬고
보랏빛 꿀 꽃들을 밀어 올리며 저녁마다 꿀을 채우던
엉겅퀴 초록 가시 흙살이 어디로 쓸려갔는지
보이지 않는 길입니다

풍경

태풍이 소멸한 뒤에도
외딴 산사의 풍경소리
명부전 돌계단 모서리를 갈아내고 있다

한 움큼의 붉은 흙을 움켜쥐고 있는
죽은 명아주 뿌리가
지루한 장마에 이사를 가다 모여든
불개미 떼를 끌어안고 있는
죽은 바랭이 뿌리가

비바람에 팔이 꺾여 쓰러질 듯 기우는
가문비나무의 발등을 붙잡고 있는
죽은 억새 뿌리가

이제 그만 돌아가야 한다고
흙 한 줌, 마저 놓을 때

저녁노을

너는 네 마음을 아니
나는 내 마음을 모르겠다.

너는 내 마음을 아니
나는 네 마음을 모르겠다.

먼데 하늘 바라보는 너의 뒷모습
보이지 마라

고운 잠자리 날개
나의 뜰을 맴돌아 갈 적
너도 모르는 네 마음이

나도 모르는 내 마음 끝 하늘에, 온통
붉어지누나!

달빛 배후

달빛이 희다
달빛은
어둠의 속을 파먹으며 자라는 나무다
청명한 밤이다
나뭇가지에 매달린 관념들이
순간순간 얼굴을 바꾼다

달빛은 사물의 옷을 벗기고
어둠과 한 몸이 된 형체 없는 다람쥐의 눈 속에서 빛나며
꽃잎의 색깔을 배어내어 이슬에 물들이고 있다
달빛이 묻어나는 꽃
누군가 이미 붙여놓은 꽃말은 퇴색하고

달빛이 벗겨온 어둠의 두께는
모든 사물의 옷을 벗기는 시간의 속이다
내 눈의 각막을 벗기고 있다

배후에 어둠이 짙게 깔린 사이
꽃과 나
언어이기 전에, 흔들리는 육체의 샘들

꽃

누가 뭐래도, 때마다 피어나는 꽃
저만의 자태로 빛나며
어느 음지를 밝혀주는 꽃이, 좋다

새 한 마리, 마저 숲으로 날아가고
화려했던 한낮의 뜰이 고요히 잠들면
저 홀로 피운 꽃
자리 없이 지우는 꽃이, 나는
좋더라!

산 메아리

아빠!
아빠!
아빠! 하고 부르면
왜 속에서는 자꾸만

'아파'
'아파'
'아파 -' 바람 빠지는 소리로 돌아와
목젖 밑을 메어오는 걸까요?

소리에 뼈가 있다는 휘파람새는
저 산 너머에서 휘-휘-휘-부르면
이 산에서 쪼르르-대답하는데

신인문학상 수상작

▼

허물 벗어 놓고 어느곳엔들 가지 못하랴

산빛 최동희

갈빛과 게

하루 종일 바닷가를 걸었다

온종일 걸어온 발자국들을 한순간 밀물이

밀려와 휩쓸고 갔다

발자국 하나 없는 모래펄 위에

갈빛은 나려려 새로운 역사를 쓰라고 한다

파도가 밀려나간 갯벌 위에

갈빛은 게려려 앉은뱅이걸음으로 기어가라 한다

자고 새면 사라질 발자국들을 총총총

두 눈 높이 뜨고

총총총, 총총총

이천십팔년 시월 이종동생 김병희 그림에

자작시를 쓰다 산빛 최동희

묵향

비는
내리는데

처마 밑에
모래알은
쌓이는데

창 밖에는
구름
또
달
지나가는데

기척이
없다

비는
내리는데
나는 먹을 갈고

빗물에
먹을 갈고
시름을 갈고

시공(時空)을 물들이는
먹물 향

흙과 물

당신은
밟히는 흙
나
밟히는 풀

밟으면 죽어지는
흙
밟으면 드러눕는
풀

죽어도 아니 죽는
붉은 흙
누워서 깊어지는
푸른 풀

당신은
불을 품은 흙
나
물을 품은 풀

우주는
불과 물의 흐름
당신과 나
두 몸이 엮는 하나의
혼

질박한 정서와 상념으로 직핍한 심미적 시화(詩畵)의 프리즘

— 최동희 시집 『산빛 물감을 풀어놓다』에 대한 해설

최 병 영 (시인, 문학평론가)

1. 실존의식으로 통찰한 현상학적 인식과 입체적 영상

최동희 시인은 문인이자 화백(畵伯)이다. 시 창작과 더불어 서예, 그림에 조예(造詣)를 지닌 다재다능(多才多能)한 예술가이다. 시는 함축과 은유 및 상징으로 구현되는 언어 중심의 이미지 예술이고 그림과 서예는 점과 선, 색채를 위주로 하여 사람이나 풍경, 감정 등을 구상화하는 심미적 예술이다. 두 분야 모두 고도의 정신적 창작활동으로서 상상력을 기반으로 하여 마음속 화상(畵像)을 정밀(精密)히 표현하는 언어예술과 조형예술이라는 점에서 일맥상통하는 특징을 지닌다.

시는 인간 정신의 총체적 반영(反映)이며 이는 순결한 영혼의 결기가 응집된 철학과 사유의 총합이다. 시는 상상력의 자유로움과 진동의 언어로 구현하는 내면 의식의 층위(層位)와 의미론적 순환으로 이루어진다. 문학은 사상과 감정을 상상의 반열에서 표출하는 언어예술이다. 문학의 사회적 역할은 진실을 전달하는 것이다. 사르트르(Sartre)는 '문학은 바로 인생에 대한 질문'이라고 정의했다. 모든 문학의 근본은 인생의 문제와 맞닿아 있다. 문학은 인생을 규명하고 그 본질적 의미와 가치에 천착(穿鑿)하여 삶에 대해 바람직한 방향과 태도를 정립하는 일이다.

최동희 시인의 등단 시인「달빛과 게」는 시집 전체를 망라하는 중요 중심 테마(Theme)를 기저로 하고 있다. 최동희 시인의 작품은 시 속에 그림이 있고 그림 속에 시가 잠재한다. 이들은 서로 필요한 위치에서 상보적(相補的)이고 유기적(有機的)인 관계를 형성하며 상호 간 순기능으로 작용한다. 『달빛과 게』는 언어로 구현된 시각적 채색화(彩色畵)이다. 이에는 인간과 자연, 생물과 무생물이 주요 화소(話素)를 이끌며 능률적으로 주제를 선도해간다. '바다'라는 공간적 개념을 주요 모티브(Motive)로 설정하여 바닷가를 온종일 걷는 인간 행위와 끊임없이 발자국을 지우는 파도 더미, 그리고 아무런 흔적도 없이 지워진 모래 벌 위에 다시 무언가를 써나가라고 독촉하는 달빛, 그 달빛과 게의 이질적 조합이 독특한 시적 영감과 심미적 영상을 강화한다. 이에는 무언가 삶의 흔적을 남기려는 인간 욕구와 이를 순리대로 용인치 않는 자연, 그리고 포기할 수 없는 본연적 집착과 허무 및 애증이 다각적인 모자이크(Mosaic)를 이루며 시의 주제를 향해 효율적으로 결집되어 있다. 이 시는 무와 유의 대칭적 상황설정과 시간적 배경 및 시적 묘사가 마치 텅 빈 평면적 공간을 수묵색(水墨色)으로 채색해가는 한 폭의 입체적 영상을 감상하는 듯하다.

> 하루 종일 바닷가를 걸었다
> 온종일 걸어온 발자국들을 한순간 밀물이 밀려와 휩쓸고 갔다
> 발자국 하나 없는 모래펄 위에
> 달빛은 나더러 새로운 역사를 쓰라고 한다
> 파도가 밀려 나간 갯벌 위에
> 달빛은 게더러 앉은뱅이걸음으로 기어가라 한다
> 자고 새면 사라질 발자국들을 총 총 총
>
> —「달빛과 게」 부분

그림은 인간이 글자를 발명하기 훨씬 이전부터 구현해 온 소통의 기호(記號)이다. 인간이 글자를 발명하게 된 것은 그림이 있었기 때문에 가능했다. 고대 문명의 주체가 상형한 그림이 점차 발전하여 글자를 이루는 역사를 지녔다. 인생은 오묘하고 복잡하며 다채로운 특징을 지닌다. 이를 효율적으로 구현해내는 작품의 도구는 언어이다. 작가나 시인은 언어로 작품을 창출하고 언어를 도구화하여 작품을 창작한다. 그런 의미에서 하이데거(Heidegger)는 언어를 '존재의 집'이라고 규명했다. 최동희 시인은 깊은 시선을 통하여 관찰되는 사물과 화자(話者)의 영감에 의하여 감지되는 순간적인 감정 및 생각들을 렌즈로 채화(採火)하여 하나의 모티브(Motive)를 형성해낸다. 시는 바로 그 시인 자체를 의미한다. 시는 결국 시인이 살아온 삶의 행적이고 인생의 역정일 수밖에 없다. 그러기에 시는 생동적인 생명체로 작용하고 그래서 존귀하며 소중한 형이상학적 실체이다. 최동희 시인은 진지한 의식과 진솔한 감성으로 시라는 운문의 용기(容器)에 다양한 삶의 양상 및 생에 있어서의 정서와 교감을 진솔한 언어로 형상화하여 이를 시적 미학으로 승화시킨다.

2. 여백의 미를 기저로 여운을 창출하는 시적 에스프리(Esprit)

최동희 시인의 시집『산빛 물감을 풀어놓다』는 각 부마다 서예작품을 수록하고 시제(詩題)에 대해 간단히 부연(敷衍)하고 있다. 그런데 이 대목이 대단히 명료하고 함축적인 시적 이미지(Image)를 구축하고 있다. 시화(詩畵)는 모두 궁극적으로 여백(餘白)을 창출하는 미학에서 작품의 완성도가 결정된다. 이 여백의 공간은 곧 사유(思惟)와 상념(想念)과 유추(類推)의 적소(適所)이기도 하다. 시에 있어 여백은 시적 요소에서 매우 중요한 의미를 지니며 가치 있는 동인(動因)으로 작용한다. 이에는 무한한 삶의 양상과 번뇌 및 갈등, 연민의 정념과 자아 인식을 비롯한 자기 정체성 확인, 대상과의 교감에서 공유하는 일체의 정서 등이 담겨 여운 있는 작품으로 구현된다. 작품은 여백의 공간이 넓을수록 그에 대한 완상(玩賞)과 해석의 여지도 다양해진다. 그리고 여백의 공간은 언어절제에서 더욱 넓게 확장된다. 시는 언어를 절제하는 함축적 예술이다.

이곳에
평온이 있네
꿈을 이야기 할
식탁과
새들이 날아 올
정원이 있는

—「제1부」 전문

누가 가르쳐 준 것인가
알지 못해도
배움이 다 할 때까지
뇌이고 되 뇌이며
간다

—「제2부」 전문

네가 있으므로
나는 사람이 되어가는
길이 고난이라
하더라도 그것이
행복이고 희망이라는 걸
알게 되었어

—「제3부」 전문

물 위에 두면 물결과 같고
불 위에 두면 불길과 같다

—「제4부」 부분

최동희 시인의 시편들은 작품마다 내면에 다양한 철학적 요인을 지닌다. 독자들은 사유와 상념을 통하여 시인의 의식 저변과 맞닿아 고뇌하고 그 정서의 본질과 직면하게 된다. 그것은 최동희 시인의 작품이 지닌 크나큰 매력적 소산이다. 독자들이 깊이 사유하고 공유하는 최동희 시인의 시편들은 반복되는 삶의 양상과 그것들이 확보하는 공간적 영역에서 파생되는 내적 충만의 자유로운 성찰을 이루는데 이는 현대시의 존재론적 해석으로도 간주된다. 또한 이는 시가 지니는 독자적이고 개체적인 시어의 조탁과 생명 외경의 현상으로 확장되며 배경지식(Schema)이 감동을 회복시켜주는 추이(推移)의 한 단면으로 작용한다. 개성과 진실은 시를 계량하는 중요한 잣대의 척도(尺度)이다.

어제와 오늘은
한 보폭 안에 있다
한 보폭 사이
안으로부터 잠긴 문이 있다

어제의 발부리와 오늘의 발뒤축 사이
문이 닫히면 한 걸음도 걸을 수가 없고
문이 열리면 빛과 그림자의 삼엄한 경계가 풀린다

나의 발은, 늘 경계 밖으로
벋어가는 덩굴손이다

—「여백」 전문

앞의 시는 작품의 문학성과 관련하여 전술(前述)한 여백을 주요 테마로 설정한 작품이다. 작품은 여백의 공간이 있어야 시적 여운이 파생한다. 사유(思惟)의 본령을 새롭게 조명함으로써 미적 감각을 자극하는 것이 문학의 본류(本流)라면 시적화자가 지닌 삶의 철학으로 깨달음을 안겨주는 것이 참된 시학의 주된 역할이다. 이 작품에서 시인은 여백을 시간의 보폭으로 끌어와 생활의 단면에 대입함으로써 일상화를 도모한다. 어제와 오늘의 연결체 사이에는 이를 경계 짓는 문이 존재하고 이는 수시로 안으로부터 잠기기도 하고 열리기도 한다. 우리는 누구나 일상의 문을 지니고 있다. 문은 삶의 통로에 존재하며 이는 불가항력적(不可抗力的)이다. 인간은 자의로 문을 통제할 수 없다. 문이 닫히면 자아(自我)의 삶이 단절되고 열리면 생활과 의식이 소통된다. 문은 곧 자아와 대립적인 외부적 상황의 구조물(構造物)이며 개체적 존재로 상존한다. 따라서 문은 곧 주체자의 숙명(宿命)과도 직결되는 중요 제재이다. 그러나 인간은 보편적인 인식 이상으로 집요하고 능동적이며 이상을 추구하는 존재이다. 그러기에 의식은 늘 덩굴손처럼 문밖에 항존(恒存)하는 이상세계를 지향한다. 그것이 곧 인간의 속성이고 존재의 근거이기도 하다. 이 시는 인간 본성과 삶의 양상 및 내재적 욕구를 면밀한 시선으로 응시하여 채화(採火)한 격조 높은 작품이다.

3. 생에 대한 도전과 응전의 현상학적 인식과 조영(造營)

인간의 삶은 다층적이고 다면적인 양상을 지닌다. 영국 사회학자 스펜서(Spencer)는 삶을 '외적 관계에 대한 내적 관계의 끊임없는 조정'으로 파악했다. 인생은 결국 외부요인과 내부요소의 부딪침에서 오는 갈등과 번민을 지혜롭게 조정하며 현실의 난제를 헤쳐가야 하는 운명적 과제를 지니고 있다. 인간은 불균형한 삶의 지평에서 끝없는 도전과 응전의 복합적 체득과정을 겪으며 살아간다. 그것은 숙명적인 것이고 또 필연적인 것이다.

최동희 시인의 시집 『산빛 물감을 풀어놓다』에는 삶과 생을 주시하고 그

가치를 규명하는 작품이 다수 등장한다. 이는 각기 다양하고 개성적인 양상과 시각으로 구현되어 삶의 내면을 입체적으로 조영(造營)하고 있다. 이들 시는 척박한 환경에서의 절박한 생이나 밀폐된 공간의 한계적인 삶의 양상을 비롯하여 존재의 근원적 의미와 삶에 대한 극기 및 생의 의지 등 다양한 양상의 스펙트럼(Spectrum)으로 표출된다.

손이 발이 머물던 자리에서 빠르게 움직이는 간이역 열차 승강장
한 청춘이 매달려 있다
한 발 매달린 어깨 가방에 컵라면 한 개 매달려 있다
불완전 연소된 연탄처럼 타오르지 못한
딱딱하고 어두운 하늘에 판화처럼 찍혀있다
진폐증을 앓는 아버지의 폐부를 가로질러
사북 하늘에 검은 눈이라도 내리는 날이면
발이 머물고 싶지 않은 간이역 열차 화통에 쉿내 나는 기침 소리가,
숨구멍이 막힌 밑불처럼 가물거리고
선로 옆엔, 한 발 오르지 못한 어느 청춘의 가방 속
뜯지 못한 컵라면 한 개, 아직 머물고 있다

—「간이역」 부분

비쩍 야위거나 고도 비만인 그림자가
비스듬히 직사각형의 한 면을 밀면
사다리꼴 공간이 열린다.
냉동 주먹밥이나, 라면으로 채워지지 않는 허기를
그림자는 사다리꼴로 드러누워 창을 흡입한다

거식증에 걸린 자판기가 꿀꺽
꿀꺽 전만 삼키고는

주룩주룩 맹물만 쏟아낸다
매월은 빨리 돌아오고, 연말은 더디다

—「고시원 25시」 부분

인력사무소 앞은 이른 새벽부터 긴 줄이 서 있다
줄은 절반도 못 미쳐 잘리고, 남은 줄은 주춤주춤
점선으로 분리되며
골목 담벼락의 시멘트 블록처럼
담벼락의 그늘 속으로 흡수된다

그러다가 장마가 길어지는 날이면
그들은 골목의 담벼락에
철 지난 화보처럼 눅눅하게 붙어있다
시야의 사각지대에서 때를 기다리는 거미처럼
실낱같은, 그러나 끈끈하고 질긴 생명줄 하나 꽁무니에 숨기고
언제 해가 반짝 뜰 거라는 일기예보를 기다린다

—「몸은 달다 2」 부분

생은 끊임없이 꿈틀대며 변화하는 동적 특성을 지닌다. 그것은 때로 가혹하기도 하고 때론 냉엄하기도 하다. 위의 시 「간이역」은 지하철 승강장에서 있었던 실제적 불의의 사고를 구상화한 작품이다. 이에는 열악한 사회환경에서 각박하게 살아가는 젊은 노동자의 소시민적 삶과 비극적 결말이 사실적으로 묘사되고 있다. 이 작품에는 연탄재와 콩나물버스, 기사식당, 컵라면 등의 서민적이고 일상적인 소재가 작품에 차용되어 시적 배경과 정황을 더욱 비극적으로 유도한다. 연탄불을 꺼트려 아침을 굶은 출근길, 버스가 출렁거릴 때마다 함께 쓰러졌다 함께 일어나는 법을 배운 날, 연탄재가 깔린 삼거리 기사식당 빈 식탁, 불완전 연소된 연탄처럼 타오르지 못

한 딱딱하고 어두운 하늘 등이 사북 하늘의 검은 눈과 함께 음울하고 칙칙한 작품 분위기와 가볍지 않은 주제를 효율적으로 잘 반영하고 있다. '떠나고, 머물다 떠나려고 머물다가 뿌리 내리는/ 머무는 그늘의 속은, 겨울나무 가지들이 가늘게/ 가늘게 양지를 끌어들이는 곳'이란 간이역의 서술적 묘사에서 작품의 어두운 정황이 확연히 두드러지고 '선로 옆엔, 한 발 오르지 못한 어느 청춘의 가방 속/ 뜯지 못한 컵라면 한 개, 아직 머물고 있다'는 결구(結句)에 이르러서는 인간 생명의 존귀함과 작품의 행간에 담긴 의미가 아프고 슬픈 영상으로 오버랩(Over lap) 되어 오랫동안 시선을 잡아끈다.

시 「고시원 25시」와 「몸은 달다 2」는 공통적으로 고된 삶의 일상을 명상적이고 철학적인 감성으로 투시하여 격조 높게 조명하는 시적 특성을 보인다. 작품의 구상은 평면적이나 이를 완성해내는 시적 연상과 비유는 대단히 주목되는 시인의 면모를 보여준다. 「고시원 25시」는 자판기가 동전을 삼키고 맹물만 쏟아내는 밀폐된 삶의 공간이다. 소리와 공기를 밀어내고 네모난 평면도면에 창이 하나 그려져 있는 단조로우며 그림자가 드러누워 창을 흡입하는 삭막한 공간이다. 이 시의 시간적 배경인 25시는 마치 게오르규(Gheorghiu)의 소설 『25시』를 연상시킨다. 게오르규의 25시는 인류의 모든 구제가 끝난 시간이라는 의미를 지닌다. 설사 메시아가 다시 온다 하더라도 아무런 구제도 할 수 없는 시간, 이것은 최후의 시간이 아니라 최후의 시간에서도 한 시간이나 더 지나버린 시간이다. 게오르규는 이 작품에서 인간성 부재의 상황과 폐허, 절망의 시간을 강조하며 극한의 상황을 극복할 수 있는 길은 오로지 인간성 회복이라고 역설한다. 그는 24시가 의미하는 '인간성 상실'은 이미 지났는데, 새로운 날인 '인간성 회복'은 오지 않는다고 단언한다. 이에 비해 최동희 시인의 25시는 무척 빠르고도 더디게 흐르는 복합적 시간의 이미지를 지닌다. 부분과 일부의 개체는 순식간에 흐르지만, 그것들의 총합인 전체와 합일의 유속(流速)은 매우 느리게 인식되는 모순적 인식의 복합적 개념을 지닌다. 이 역설적인 부조화의 이질적 구조가 작품을 더욱 매력적인 소산(所産)으로 이끌어 주목하게 한다.

시 「몸은 달다 2」는 동일 제하(題下)의 연작시 3편 중에서 가장 두드러진 작품이다. 인력사무소는 생존을 위한 질박한 삶의 공간이다. 새벽녘 일자리를 찾기 위해 늘어선 긴 줄은 각박한 현실의 반영이다. 누군가는 감자나 마늘밭으로 팔려 가고 누군가는 참외나 수박밭으로 팔려 가기 위해 기약 없는 시간을 기다린다. 그러나 그것은 한낱 꿈과 소망에 불과할 뿐 대개는 절반도 못 미쳐 줄이 잘리고 남은 사람은 점선으로 분리되어 시멘트 블록처럼 담벼락 그늘 속으로 흡수되고 만다. 그것은 지독히도 슬프고 절망적이며 판화(版畵)처럼 아프게 반복되는 현실적 단면도의 한 단상이다. 일자리를 얻지 못한 사람들은 담벼락에 들붙은 철 지난 화보처럼 눅눅하고 초라한 행태로 비쳐진다. 그들이 무력하게 돌아선 발길은 예외 없이 가족들의 그림자가 들붙어 무거울 것이다. 그러나 궂은 장마도 언젠가는 그치기 마련이다. 거미는 실낱같은, 그러나 끈끈하고 질긴 생명줄 하나 꽁무니에 숨기고 해가 반짝 뜰 거라는 일기 예보를 학수고대(鶴首苦待)한다. 미래의 희망을 꿈꾸는 거미는 결코 추락하지 않는다.

4. 입체적으로 삶의 지평에 드리운 실존의식의 화소(話素)

시인은 무한한 가능태로서 철학과 사유의 총합을 모태로 삼는 존재이다. 시인은 생의 저변에 축적된 번민과 회의를 통해 심층적 의미를 채록하는 전문인이다. 그러기에 시는 의미 있는 진통의 결실로 구현된다. 시인은 내면의식의 층위(層位)를 면밀히 결집하여 시행과 행간을 채색한다. 시 창작을 위해 시인은 부단히 번민하고 갈등하고 사유하며 결실을 위한 진통의 과정을 극복해간다. 겉으로 내보일 수 없는 감상의 편린들을 작품으로 정제하여 형상화하는 작업은 숙연한 일이다. 시는 감성과 이상 사이에 존재하고, 현실과 사유 및 철학 사이에 존재하는 상관물로 정신세계를 구현하는 형이상학적 창조물이다. 개체적 삶은 모두 그 나릅의 소중하고 의미 있는 가치를 지닌다. 모든 삶의 주체들은 자신만의 삶이 지닌 문양을 정성을 다해 개성적이고 개체적인 형상으로 모자이크(Mosaic)하기 마련이다.

생의 언저리 어느 지점에 뿌리를 내리고
촘촘히 기어가는 연둣빛 꿈들 위에
푹푹 파인 바퀴 자국을 덮으며
사들사들 뭉그러진 잎줄기 폭우에 쓸리며
채송화, 꽃을 피웠다

아무 일도 일어나지 않은 것처럼
길과 꽃밭 사이, 척박한 땅을 일구며 나지막이
하루해 나지막이
해가 떠서 지듯 한여름 피어나 지우는 어린 꽃섬

—「채송화」 부분

짓누르는 힘이
솟구치는 힘을

아스팔트 길을 뚫고 돋아 오르는
거대한 힘을, 봄은
아는지

—「쑥」 부분

어둠보다 더 검은 길의 가장자리는 희다
아스팔트 위 통행 금지선에

찔레꽃이 여린 손을 뻗고 있다

… 중략 …

밤보다 더 어두운 길의 가장자리는 눈부시다
가파르게 치달은 길의 난간 기어오르는 연둣빛 손들
일제히 달려들어 이제 막 꽃망울을 밀어 올리고 있다

—「아스팔트와 봄」 부분

최동희 시인의 시집『산빛 물감을 풀어놓다』에 수록된 작품 중에서 삶의 소망과 꿈, 생의 의지가 일련의 주제를 형성하며 일관성 있게 관류(貫流)하는 시들이다.「채송화」는 연둣빛 꿈을 지닌 작고 연약한 생명체이다. 길고 긴 가뭄을 이겨낸 채송화는 꽃밭과 길 사이에서 드디어 꽃씨 주머니를 터뜨린다. 채송화는 꿈을 성취하기 위해 폭우에 쓸리면서도 푹푹 파인 바퀴자국을 덮고 척박한 땅을 일구며 꽃잎을 피운다. 이면도로가 없는 꽃밭과 길 사이에 생존의 터전을 마련한 채송화의 삶은 참으로 아슬아슬하고 험난할 것이다. 그러나 비록 온전치 않은 생이라 해도 꿈과 희망이 상존하는 한 그 개체는 분명 생명체로서 존중될 것이다. 이와 같이 존재하는 것은 짓누르는 힘과 솟구치는 힘의 대립에서 성립된다. 봄은 아스팔트 딱딱한 길을 뚫고 지상으로 쑥을 밀어 올렸다. 쑥은 한낱 식물이 아니라 거대한 힘을 지닌 경이로운 생명체이다. 가뭄과 폭염이 기록을 경신하고 갈증과 열기가 태양을 집어 삼키지만 만장(萬丈)이 끌고 가는 주검의 행렬 앞에서도 쑥은 생명체로서 의연하고 담대할 것이다. 마석의 모란공원이라는 특수지명과 모란이라는 일반 화초(花草)의 고유명사를 같은 반열에 놓고 시화한 시적 재치와 언어유희(言語遊戱)가 돋보인다. 이는「아스팔트와 봄」에서 '어둠보다 더 검은 길의 가장자리는 희다'는 모순어법(矛盾語法)으로 이어져 강화되며 더욱 의미를 명료화한다. 모순어법은 효과적인 표현을 위해 응용되는 독특한 수사법(修辭法)의 일종이다. 찔레꽃은 비정한 인공 구조물인 아스팔트 위로 여린 손을 뻗으며 전력을 다해 연둣빛 손으로 꽃망울을 밀어 올린다. 가파르게 치달은 길의 난간을 기어오르는 생명체들의 안간힘은 험난한 생을 살아가는 소시민의 각박한 일상을 은유적(隱喩的)으로 대입한 정황과 맥락을 같이 한다. 찔레꽃의 힘겨우면서도 의의 깊은 삶의 여정(旅程)에는 양광(陽光)을 뿌리는 아카시아와 빛을 머금은 붓꽃, 붓꽃의 정강이를 덮은 토끼풀들이 함께 하고 있다. 결코 혼자서 걷는 외로운 삶의 행적(行跡)이 아니다. 그러기에 찔레꽃의 삶은 온후하고 푸근하다.

5. 어버이, 그 존귀하고 숭엄한 이미지와 회한의 모티프(Motif)

어버이는 시간과 공간을 초월하여 영원한 시의 주요 테마(Theme)이자 본향(本鄕)으로 자리한다. 우리는 누구나 어버이라는 언어 앞에서 뭉클하고 찌릿하며 파동 치는 심성을 공유한다. 그처럼 어버이는 무한한 희생과 자애와 헌신의 상징적 주체로 자리하기 때문이다. 최동희 시인의 시집 『산빛 물감을 풀어놓다』에서 제1부를 형성하는 작품 중에는 이러한 감성을 기저로 하는 사부가(思父歌)와 사모곡(思母曲)이 10여 수 등장하고 있다. 이들은 각기 자연물을 빌거나 생물을 응용하여 감정이입의 수법으로 시적 자아의 감성을 고취한다. 시인은 자신이 지닌 어버이상의 상념과 정회를 투명한 언어로 명료화하여 구현해낸다. 최동희 시인은 부상(父償)과 모체(母體)의 본성으로서 자애와 헌신과 희생적 이미지를 강조하며 자아가 희구(希求)하는 정서적 감성과 애틋한 주제 의식을 진솔하게 펼쳐 시의 외부세계와 함유(含有)한다.

하루 종일 품을 팔아 밥 광주리 이고 고개고개 넘던
어머니의 몸이 그랬을까
밥 광주리의 무게는 새털처럼 가볍고 포근한 것이었으리라

온종일 말똥말똥 기다리고 있을 어린 새끼들이 있는
집으로 가는 발자국은 짐승의 것이다.
본능에 내맡기어도 천리에 어긋나지 않는
고단하지도 춥지도 위태롭지도 않았다

—「집으로 가는 길」 부분

어머니 무덤 속의 무덤 하나
쑥대 우거진 줄 미처 몰랐네.

부슬부슬 잔비 내리는 해거름에
애 터진 소쩍새만
소쩍… 소쩍… 소쩍…

—「소쩍새」 부분

하얀 진액이 말라붙은 길에는 반짝이는 모래알
달팽이 위로 수없이 발들이 지나가고
긴 여름 한낮이 가고, 밤이 오면 풀잎 위에 이슬이 내린다
구불구불 열리는 달팽이의 오솔길

굽이진 신발 속, 아버지의 길은
벌레 먹여 드러난 나뭇잎의 잎맥들이 켜켜이 쌓여 있다
날마다 벗지 못하는 신발 속에서 자란 무좀균에 묻어나온 발 무늬들
얼마나 오랜 세월 걸어온, 유전인가

—「발 무늬」 부분

앞의 시에서 「집으로 가는 길」과 「소쩍새」는 어머니에 대한 회억과 그리움을, 「발 무늬」는 아버지의 험난한 생애를 조명한 작품이다. 「집으로 가는 길」은 한겨울 예산역이라는 구체화된 공간적 배경과 현재시제라는 시간적 배경을 명시적으로 활용하여 어머니에 대한 회억의 그리움을 그린 작품이다. 저녁녘 눈길에 친구를 전송하고 집에 돌아오는 길, 들길에서 매서운 칼바람을 맞으며 온종일 품을 팔아 밥 광주리를 이고 힘겹게 고개를 넘었을 어머니를 추상하는 화자의 정회가 오롯이 뭉클하게 느껴진다. 집으로 가는 멀고도 가까운 길은 바로 자식들을 위해 일생을 헌신하고 희생하며 생을 살아간 어머니의 고난 어린 길이고 본능적이고 원초적으로 자식을 건사하는 삶의 고뇌와 희열이 자리하는 길이다. 시적 화자는 설렘으로 오래된 벗을 만나러 가며 예전 어머니의 길을 걷는다. 이 시는 시적 자아의 이야기 속에 어머니의 이야기가 담겨 입체화된 액자식 구성법을 취하고 있다. 「소쩍새」는 동일 제명의 제재로서 어머니를 상기하는 상징적인 주체이다. 이 시는 해와 달을 비롯해 무심히 흐르는 계절과 더불어 잔비 내리는 해거름, 벗어놓은 검정고무신, 공허한 산 메아리, 어머니의 텃밭 등이 주제를 승화하는 시적 교합을 이루며 일목요연하게 시적 자아의 정서를 대변한다. 시의 종결부에 등장하는 소쩍새 울음의 의성어와 '잔칫날처럼 달빛 하얗게 춤이나 추어보자'는 청유형적 권유가 시를 더욱 애틋하게 이끈다. 「발 무늬」에서 시적 자아는 '적도'라는 위도의 기준선과 '달팽이'라는 연체동물을 응용하여 아버지를 묘사한다. 적도는 남극과 북극으로부터 같은 거리에 있는 지구 표면의 점을 이은 선이다. 적도 인근 저위도 지역은 한해 내내 매우 덥고 비가 많이 내리는 열대기후를 나타낸다. 또한 적도 부근의 상승 기류는 격렬한 소용돌이 기류를 동반한 열대성 저기압을 형성하고 자주 태풍, 사이클론, 허리케인 등을 일으킨다. 달팽이는 등에 껍질을 짊어지고 하얀 진액을 뽑아내며 느리게 이동한다. 달팽이가 지나가는 길은 아버지의 길이다. 아버지의 길이 결코 용이하거나 평탄치 않음을 인지할 수 있다. 아버지의 신발 밑창은 가시고기 같은 엑스레이가 찍히고 등딱지에는 여덟 식구가 일용할 자루가 들러붙어 있다. 그것은 아버지가 숙명적으로 짊어진 삶의 굴레이다. 굽이진 신발 속, 아버지의 길은 벌레 먹어 드러난 나뭇잎의 잎맥들이 켜켜이 쌓여 있다. 아버지의 마당발은 굽이진 신발 속에 무좀균과 함께 뒤섞여 감춰져 있다. 아버지상을 일생동안 가장 고되었을 무좀 있는 발무늬를 통해 환기(喚起)하는 시의 착상이 매우 주목된다.

6. 창작을 지향하는 숭고한 예술혼과 감성의 파노라마(Panorama)

최동희 시인은 시와 더불어 그림과 서예, 사진을 겸비하고 있는 종합 예술가이다. 예술은 학예와 기술을 아울러 일컫는다. 예술은 아름다움을 표현하고 창조하는 행위에 목적을 두고 작품을 제작하는 모든 인간 활동과 그 산물을 통틀어 말한다. 예술은 순수예술과 교양 예술로 나뉘는데 후자는 언어 · 표현력, · 추론 등의 표현기술과 관련된다. 그러나 어느 분야의 예술이든 이는 정밀하고 창의적인 정신 활동이며 지적이고 형이상학적인 성격을 지니는 점에서 공통된다. 예술은 어느 개체나 창작활동의 시작점은 규명할 수 있으나 결코 종결점이나 갈무리는 가늠이 불가능한 무한대의 영역을 지닌다. 최동희 시인의 시집 『산빛 물감을 풀어놓다』에서 창작을 주제로 하는 작품을 살펴본다.

비는
내리는데
나는 먹을 갈고

빗물에
먹을 갈고
시름을 갈고

시공(時空)을 물들이는
먹물 향

—「묵향」 부분

거죽 속 부처의 말씀이나 푸욱 푹 삶아 입에 물고
묵정밭으로 달려가야겠다.

내 속에서 밀려 나오는 것은 시가 아니더라도 거름은 될 것이다
어릴 적, 새가 묵정밭을 지나갈 때면 풍경소리가 났다
두엄 속에 소화가 덜 된 사리조각을 쪼아 먹는 새의 노래다

—「옥수수 입에 물고」 부분

앞의 작품에서 「묵향」은 수묵화나 서예를 위해 먹을 가는 정경을 형상화하였고 「옥수수를 입에 물고」는 시창작의 고뇌와 소망을 새의 노래에 빗대어 그린 작품이다. 시적자아는 비 내리는 날 정성스레 먹을 간다. 먹물의 농도에 따라 화자의 작품에 대한 구상과 윤곽도 점차 명료해질 것이다. 아무런 기척이 없는 적막 속에 먹물 위로 빗소리가 떨어지고 그래서 더욱 고적한 순간, 시름과 함께 가는 먹물 향이 금세 시공을 물들인다. 먹을 갈며 시름을 함께 가는 것은 작품에 대한 구상과 작업, 그리고 당면한 인생의 제문제가 그리 간단치 않음을 역설한다. 이 작품은 비 내리는 정황과 먹을 가는 행위가 작품창작의 중요요소로 절묘하게 조화되어 작품의 주요 배경을 형성한다. 「옥수수 입에 물고」에서는 시인의 작품이 묵정밭에 비유되고 있다. 묵정밭은 농사를 짓지 않고 버려두어 거칠어진 밭을 뜻한다. 그러나 시인은 무작정 밭을 방치해 두지 않았다. 끊임없이 경작하였고 노력하여 무언가의 소득을 얻는 결과를 성취해냈다. 시의 밭은 묵정밭도 아니고 거칠어지지도 않았다. 다만 스스로 판단할 때 소득이 만족스럽지 않았을 뿐이

다. 그러기에 시적 자아는 묵정밭에 열심히 옥수수를 심는다. 옥수수가 여물면 자신의 시도 그만큼 탄탄히 여물 거라는 믿음에서다. 옥수수가 여물기를 고대하는 것은 시인의 시가 야무지게 여물기를 기대하는 소망의 발현이다. 옥수수는 '붉은 머리카락 늘어뜨리고 서서 자신을 태우는 등신불'이라는 시적 묘사의 비유가 매우 참신하고 개성적으로 비친다. 어느 예술가나 자신의 작품에 완벽히 만족하는 작가는 존재하지 않는다. 다만 열과 성을 다해 노력함으로써 점차 그 만족도를 조금씩 상향하고 심화하며 확장하기 위해 다양한 파노라마를 펼칠 뿐이다. 이 작품의 '내 속에서 밀려 나오는 것이 시가 아니더라도 거름은 될 것'이라는 표현에서 우리는 시인이 지닌 겸양(謙讓)의 품격과 시에 대한 뜨거운 열정을 마주할 수 있다.

7. 최동희 시인의 작품이 지닌 문학적 관견(管見)

최동희 시인의 시집『산빛 물감을 풀어놓다』에 수록된 작품의 성향을 요약하면 다음과 같이 정리할 수 있다. 첫째, 시적 대상에 의미를 부여하여 시로 채록(採錄)하는 상징물이 대체적으로 일상인의 생활 주변에서 원활히 인지할 수 있는 객관적 상관물(相關物)이란 점이다. 이는 독자들이 거부감 없이 편안한 마음으로 작품에 접근할 수 있는 통로를 개방하는 장점을 가진다. 둘째, 순연한 의식과 감성의 흐름으로 시를 주도하고 이끌어가는 점이다. 최동희 시인은 일상적 사유를 시로 채화하여 작품으로 형상화하는 도정에서 순리와 상식에 따른 맑은 영혼과 사유체계를 구사한다. 이는 자연스럽게 시의 질적 위상과 음영(陰影)의 바탕색을 형성하는 요소로 작용하여 작품을 계량하는 척도로 응용되는 점에서 매우 긍정적인 요소로 인식된다. 셋째. 상당수 작품이 명상적이고 철학적인 특성을 지닌다. 이는 작품의 외관에 머무는 시선을 내재화하여 심화시키고 시인이 강조하고자 하는 작품의 본질을 통찰하도록 견인하는 주된 결과로 이끈다. 넷째, 주제를 보다 효율적으로 강화하기 위한 방안으로 작품의 제재와 소재의 다변성(多

辯性)을 기한다는 점이다. 이는 폭넓고 다양한 연상 작용에 의해 이루어지는 결과이고, 어느 시나 창의성을 기반으로 해야 한다는 당위적 측면에서 매우 고무적 현상으로 인식된다. 다섯째, 최동희 시인의 시집『산빛 물감을 풀어놓다』에는 인간의 삶이나 생에 관한 작품이 다수 등장한다. 시는 궁극적으로 삶의 문학이고 사유의 산물이다. 한 행의 시를 통하여 인생의 참된 길을 규명하고 올바른 삶의 가치와 지혜를 얻는다면 그 작품은 분명 명작의 반열에 놓여야 할 것이다. 여섯째, 부모에 대한 사념과 추앙의 글이 많다는 점이다. 부모는 시간과 공간을 초월하여 영원한 시의 테마(Theme)로 자리한다. 어버이는 무한대의 희생과 자애와 헌신의 상징적 주체이다. 시가 우리의 고착화(固着化)되고 응고된 인식의 틀을 깨뜨리고 자유로운 삶을 추구하는 인간 정신의 표현이라 할 때 그것은 바로 일체의 억압과 권위로부터 자유와 분방(奔放)을 획득하고자 하는 고매(高邁)한 정신과 상통한다. 그런 의미에서 시는 위대하고 지고(至高)하며 고상한 지적 가치를 지니는 도구이다.

최동희 시인의 시집『산빛 물감을 풀어놓다』의 상재를 진심으로 축하하며, 앞으로도 더욱 향기롭고 여운 짙은 작품의 창작을 통하여 무한한 문학적 광영을 누리길 기원한다.

문학세계대표작가선 950

산빛 물감을 풀어놓다

최동희 시집

인쇄 1판 1쇄　2021년 9월 10일
발행 1판 1쇄　2021년 9월 24일

지 은 이 : 최동희
펴 낸 이 : 김천우
펴 낸 곳 : 도서출판 천우
등　　록 : 1992. 2. 15. 제1-1307호
주　　소 : 서울시 성동구 무학봉28길 6 금용빌딩 2F
전　　화 : 02)2298-7661
팩　　스 : 02)2298-7665
http://moonhak.wla.or.kr
E-mail : chunwo@hanmail.net

값 20,000원

ISBN 978-89-7954-846-4